Kochen
genießen
lernen

© 2023 Fabian Wagner

Cover Illustration: Sarah Hornschuh
Umschlaggestaltung: Fabian Wagner
Herstellung & Verlag: BoD - Books on Demand, Norderstedt

ISBN: 978-3-7460-6241-9

Inhalt

Kein Kochbuch, kein Ratgeber

Hast du das hier erwartet, muss ich dich erst einmal enttäuschen. In diesem Buch gibt es keine detaillierten Rezepte, keine Schritt-für-Schritt-Anleitungen, keine Regeln, Checklisten und auch keine wissenschaftliche Diskussion einzelner Lebensmittel und deren Wirkung. Dafür gibt es genügend anderes Material.

Jedes Jahr werden hunderte neue Koch- und Ernährungsbücher in allen nur erdenklichen Varianten veröffentlicht. Zig-tausende Beiträge und Angebote in Form von Videos, Kursen, Artikeln, Foren und sonstigen Webseiten sind da noch gar nicht mitgezählt. Oft widersprechen sich Empfehlungen und Anleitungen. Trotzdem weiß ich diese in manchen Situationen als hilfreich oder inspirierend zu schätzen, dazu später mehr. Um selbstständig Kochen zu lernen und es als festen Bestandteil ins eigene Leben zu integrieren, fehlen bei der Flut an Angeboten allerdings entscheidende Zutaten.

Wir lernen nicht, indem wir immer mehr Zeit mit dem Konsum zusätzlicher Informationen verbringen. Kochen ist keine maschinenartige Arbeit. Es ist viel mehr, als die "richtigen" Zutaten in der "richtigen"

Menge auf die "richtige" Weise zu verarbeiten und zu kombinieren.

Um dieses 'Mehr' geht es hier.

Wie Kochen, Kochen lernen und ein paar weitere Themen, die eng damit zusammenhängen, zu einer spürbar lebendigen Tätigkeit werden. Nicht zu einer lästigen, stressigen Pflicht oder zu etwas, zu dem man sich jedes Mal aufs Neue motivieren oder überwinden muss. Dann würde man in kurzer Zeit wieder die Lust daran verlieren.

Da es in erster Linie um die Bedingungen geht, unter denen wir diese Qualität erleben können, ist es egal, ob du schon Kenntnisse hast oder ganz am Anfang stehst. Als Nebeneffekt wirst du dich zukünftig in den unzähligen Angeboten besser zurechtfinden. Du wirst auswählen können, was einen wirklichen Mehrwert hat und leichter erkennen, was nur oberflächliches Marketing ist.

Es geht um alltägliches Kochen zu Hause in den unterschiedlichsten Geschmacksrichtungen. Kochen als Dienstleistung und unter Zeitdruck in einem Restaurant, einer Kantine oder beim Catering ist sicher nochmal anders zu betrachten.

Ich werde dir ein realistisches Bild zeigen, wie eine langfristige Entwicklung, ein natürlicher Lernprozess aussehen kann. Du wirst sehen, auf einem solchen Weg bekommen wir wunderschöne Überraschungen geschenkt. Diese lassen sich nicht planen, nicht in einen

Kurs oder ähnliches packen. An einigen Stellen gibt's außerdem ein paar ganz praktische Tipps als Beilage.

Das eigentliche Lernen, das tiefe Verinnerlichen grundlegender handwerklicher Fähigkeiten bis hin zu aufwendigen Rezepten, passiert dann erstaunlicherweise ganz automatisch, ohne dass besondere Anstrengung dafür nötig ist. So lernen wir sogar viel schneller, als wenn wir uns verbissen darauf konzentrieren, alles exakt richtig machen zu wollen. Vielleicht so, wie ein Experte mit Schürze behauptet, dass etwas zu sein hätte... Will derjenige uns damit wirklich weiterhelfen oder geht es dabei doch um was anderes?

Diese Bemerkung zum Lernen ist nicht einfach eine Behauptung, nicht nur meine persönliche Sichtweise und Erfahrung. Tatsächlich funktioniert das biologisch in unseren Gehirnen so. Ausschlaggebender Faktor ist, ob uns das, was wir machen, emotional berührt. Sonst hat selbst hundertfache Wiederholung von Informationen oder Abläufen keine Wirkung. Wie viel haben wir alle mit Mühe und Anstrengung in der Schule auswendig "gelernt" – und wie viel wissen wir später wirklich noch davon?

Eigentlich können wir das bei uns selbst und bei anderen ständig beobachten, aber auch mich musste erst jemand mit dem Kopf draufstoßen. Das war der Neurobiologe Gerald Hüther, der unter anderem erforscht hat, wie Lernen auf Ebene des Gehirns abläuft und was das für uns im alltäglichen Leben bedeutet. Wenn dich Details dazu interessieren, kann

9

ich dessen Arbeit, insbesondere die Interviews, Vorträge oder leicht verständlichen Bücher an dieser Stelle nur weiterempfehlen. Für mich ist das seit vielen Jahren eine große Hilfe und Inspiration.

Egal ob beim Ergebnis oder schon während des Kochens, wahrer Genuss entsteht weder durch perfekte Zutaten, noch indem wir akkurat eine To-Do-Liste abarbeiten. Es ist jedoch das unvermeidliche Resultat, wenn wir uns darauf einlassen und unseren Lernprozess selbst gestalten.

Dazu sind die folgenden Kapitel eine Einladung. Vielleicht magst du dich ja aufmachen, selbst und gemeinsam mit anderen neue Erfahrungen machen, eigene Antworten finden und spielerisch ausprobieren, was noch möglich ist?

Auf jeden Fall ist das viel mehr, als wir über uns selbst zu denken gelernt haben. Und es ist gar nicht so schwer, wenn wir alles, inklusive uns selbst, nicht mehr so wahnsinnig ernst nehmen − was du hier schon an den Kapitelüberschriften erkennen kannst :)

Kochen lernen?
Ganz einfach, mit einem
Mathematik-Studium!

"Nudeln kochen... ok...

...nur wie viel Salz kommt da jetzt eigentlich ins Wasser?"

An dem Punkt war ich im Herbst des Jahres 2008, einige Tage bevor mein Studium losging. Ich fand mich in einem Studentenwohnheim einige hundert Kilometer von meinem Heimatort entfernt wieder und wollte mir selbst was zum Abendessen machen.

Obwohl ich es nicht genau wusste, hab ich angefangen und Salzwasser aufgesetzt. Dann war ich mir unsicher: "War das nicht vielleicht doch zu viel Salz?" Also hab ich etwas davon weggeschüttet und mit Wasser aufgefüllt... Was ich dazu machte, weiß ich nicht mehr. Am Ende kam auf jeden Fall ein ganz passables Essen dabei heraus.

In meiner Kindheit spielte das Thema Kochen und Essen keine große Rolle. Zu Hause wurde zwar nahezu täglich abends gekocht, ich war dabei aber nicht groß involviert und es hatte mich auch nicht besonders interessiert. Bei einigen außergewöhnlichen Sachen, wie Plätzchen backen zu Weihnachten, hab ich natürlich geholfen und das hat Spaß gemacht. Da es insgesamt jedoch kein großes Thema war, waren mir entsprechende Details nicht bewusst.

Von außen betrachtet kommentieren wir sowas schnell: "Der kann ja überhaupt nicht kochen!" Oder oft brauchen wir dazu gar niemanden, sondern verurteilen uns direkt selbst: "Ich kann halt einfach nicht kochen!"

Da bin ich keine Ausnahme. Ich hab mich auch schon dabei ertappt, wie ich mich – mit meinem heutigen Wissen und Erfahrung – über andere wunderte, wie diese mit den Themen Kochen und Essen umgingen.

Doch wie gerade beschrieben, fangen wir alle mal bei Null an, selbst der größte Sterne-Koch. Es ist völlig egal, wann, in welchem Alter oder in welchem Tempo man das macht. Es ist kein Wettbewerb, bei dem jemand gewinnt, der sich möglichst schnell möglichst viele Rezepte oder handwerkliche Fähigkeiten aneignet. Dann würden wir tatsächlich viel verpassen, wie die folgenden Kapitel sehr deutlich zeigen werden. Und bei mir hat es eben damals mit 19 Jahren ganz langsam angefangen.

Kannst du Wasser zum Kochen bringen, Eier hineinlegen und ein paar Minuten warten? Perfekt, du kannst also schon was kochen und dich über das Ergebnis freuen. Selbst wenn ein Ei aufplatzt. Das passiert in der professionellsten Küche.

Erst wenn wir uns zu viel informieren, fühlen wir uns schnell überfordert. Da muss das "perfekte" Ei ins kalte oder heiße Wasser gelegt, exakt so viele Minuten bei genau dieser Temperatur gekocht und mit extra vorbereitetem Eiswasser abgeschreckt werden...

Woher kommt diese Vorstellung, dass wir beim Thema 'Kochen' ein Bild vor Augen haben, alles müsse möglichst perfekt sein?

Es ist eine Folge von zig-tausenden Marketing-Botschaften und inszenierten künstlichen Bildern, die wir ständig in den unterschiedlichsten Formen sehen. Mit dem wahren Erleben von Kochen hat das nichts zu tun.

Noch ein Beispiel: Fertiggerichte.

Ja, das ist mein ernst, auch damit kannst du was kochen und neugierig erste Schritte machen. Vielleicht mit ein paar Gewürzen den Geschmack verändern oder sie mit verschiedenen kleinen Beilagen kombinieren.

Die Anfänge können so klein sein. Sie sind trotzdem nicht weniger wertvoll!

Vollkommen konzentriert und in der Regel ein wenig tollpatschig Neues ausprobieren, ist eine wunderschöne Erfahrung. Das gilt ganz besonders in der Küche, wo wir alle unsere Sinne gleichzeitig gebrauchen.

Denk mal an ein kleines Kind, das voller Freude die ersten Plätzchen seines Lebens formt. Die haben natürlich nicht die perfekte Form und wir kämen überhaupt nicht auf die Idee, es dafür zu kritisieren, wie wir das später oft mit uns selbst machen. Wir alle waren früher dieses Kind und hatten die Freude und Leichtigkeit. Daher können wir dieselben Qualitäten später wieder aufleben lassen, es dauert vielleicht nur ein wenig länger.

Durch kleine Erfahrungen und Beobachtung, was dabei herauskommt, lernen wir unbewusst beeindruckend schnell dazu. Wir kommen auf den Geschmack und spüren immer mehr Lust rauszufinden, was noch so alles möglich ist. Das hat eine andere Qualität als der Versuch, gestresst aufwendige Rezepte bis aufs letzte Gramm genau befolgen zu wollen.

Es ist nicht Schwarz-Weiß − jemand kann kochen oder nicht − sondern ein langsamer Übergang von wenig zu viel Erfahrung. Auf diesem Weg ergeben sich nach und nach viele Möglichkeiten, die sich nicht im Voraus planen oder kontrollieren lassen. Nie hätte ich gedacht, dass da bei mir später mal ein ganzes Buch dabei herauskommt.

Doch zurück zum Studium.

In den ersten Semestern kochte ich also ab und zu was ganz einfaches. Oft kombinierte ich auch nur Kleinigkeiten zu einem kalten Abendbrot. Meistens war ich natürlich mit Kommilitonen in der Mensa essen. An Tagen, an denen die zu hatte, haben wir regelmäßig in Cafés oder Restaurants gegessen oder uns etwas aus Imbissbuden geholt.

Mit der Zeit sind aus Kommilitonen neue Freundschaften entstanden und irgendwann fingen wir an, uns öfter abends zu treffen und gemeinsam zu kochen. Manchmal kauften wir davor bereits die Zutaten zusammmen ein.

Wir hatten unterschiedlich viel Erfahrung, was Kochen anbelangt, aber es gab niemanden, der es perfekt konnte, der es beruflich gemacht hatte, dessen großes Hobby es war oder ähnliches. Außerdem gab es unterschiedliche Vorlieben beim Essen. Ein Freund bestand fast jedes Mal, wenn er mit dabei war, darauf, etwas Frittiertes als Beilage zu machen, wie Kroketten, Pommes oder Zwiebelringe.

Diese Vielfalt führte dazu, dass wir unterschiedliche Sachen kombinierten, verschiedene Beilagen, Soßen, manchmal sogar eine kleine Nachspeise dazu. Was wir da alles genau gemacht haben, kann ich nach so langer Zeit – und damit viele tausend Essen später – im Detail nicht mehr wiedergeben. Das ist auch nicht ausschlaggebend. Wichtiger ist, dass ich ganz auf mich allein gestellt vermutlich vieles davon nie ausprobiert und nicht so viel dadurch gelernt hätte.

Mit einfachen Mitteln konnten wir Gerichte zubereiteten, die oft deutlich besser schmeckten, als was uns täglich in der Mensa angeboten wurde. Eine interessante Erfahrung und Motivation, das über eine lange Zeit regelmäßig zu machen. Manchmal haben wir nur gekocht und gegessen, manchmal sahen wir uns gemeinsam einen Film an oder gingen anschließend in eine Studentenkneipe. Ach ja, und wenn jemand Geburtstag hatte, haben wir auch mal zusammen einen Rührkuchen gebacken.

Im Fokus stand die gemeinsame Zeit. Das Kochen und Essen bildete ein Rahmen, in dem Gemeinschaft und Austausch stattfand. Oft wird vergessen, dass es einen solch größeren Kontext gibt, besonders wenn man rein handwerklich oder analytisch an Kochen und Essen herangeht. In Kochbüchern habe ich noch nie gesehen, dass das eine Rolle spielt, von strikten Ernährungsphilosophien bis hin zu Menschen, die einzelne chemische Stoffe analysieren, ganz zu schweigen.

Nochmal kurz zu dem, was wir da so gekocht haben. Die Qualität des Essens war durchschnittlich mit normalen Zutaten aus dem örtlichen Discount-Supermarkt und so war bestimmt auch mal Fleisch aus Massentierhaltung dabei. Das war damals nun mal der Stand und ich bin überaus dankbar für all die Erfahrungen. Denn durch die Gespräche und Erlebnisse hab ich mich immer auf die gemeinsamen Abende gefreut. Der Nebeneffekt davon: ich fing an, mich langsam mehr und mehr für das Thema Kochen zu interessieren und mir selbst mehr zuzutrauen.

Das ist der Zusammenhang zwischen einem Mathematik-Studium und Kochen. Währenddessen habe ich meine ersten Schritte gemacht. Ich war nicht eines

Tages plötzlich Feuer und Flamme für das Thema. Es gab nicht diesen einen Moment, der mein Leben veränderte und nach dem Kochen und Essen meine Bestimmung gewesen wäre. Solche Geschichten werden in verschiedenen Bereichen gerne erzählt, aber inzwischen ist mir klar, das ist in den meisten Fällen nichts weiter als Marketing.

Du musst nicht besonders inspiriert sein oder dir knallharte Ziele setzten. Du bist ja schon interessiert und neugierig, sonst würdest du das hier nicht lesen. Wenn du dem ein wenig folgst und Unterschiedliches ausprobierst, reicht das vollkommen. Dabei finden beeindruckende natürliche Lernprozesse statt, wie ich noch an vielen Beispielen zeigen werde.

Wenn du magst, kannst du ja mal Freunde oder Bekannte auf einen gemeinsamen Abend einladen, an dem ihr – nur so nebenbei – auch was zu Essen macht. Wer weiß was da vielleicht Leckeres oder Interessantes dabei rauskommt? Und wenn ihr, wie wir damals, einfachste Zutaten aus dem nächsten Discounter nehmt, ist das ein perfekter Startpunkt.

Guten Appetit und viele schöne Abende!

Was die Verpackung über die inneren Werte verrät

Bei vielen Gerichten kannte ich lange Zeit nur das Ergebnis, das fertig servierte Essen in Restaurants, Imbissen oder der Mensa. Die groben Zutaten konnte ich ausmachen, aber Details waren mir nicht bewusst.

Durch das regelmäßige Kochen mit Freunden lernte ich viele Einzelheiten kennen, wie man ganze Gerichte zusammenbaut, zum Beispiel eine Lasagne mit selbst gemachter Hackfleisch-Soße oder eine Suppe von Grund auf aus einzelnen Zutaten zuzubereiten. Meist bekamen wir das so hin, dass es ähnlich oder sogar besser schmeckte, als ich es kannte. Das hat mich automatisch zu einem nächsten kleinen Schritt geführt.

Durch das neue Wissen und Verständnis wurde ich irgendwie neugierig. Die fertigen oder teilweise schon verarbeiteten Sachen, werden die eigentlich genauso gemacht, wie wir das kochten?

Also fing ich damals beim Einkaufen an, mir immer öfter die Zutatenlisten auf Verpackungen durchzulesen. Klar hatte ich mal mitbekommen, dass es Zusatzstoffe, Konservierungsmittel und ähnliches gibt. Es war allerdings viel spannender, selbst Produkte in die Hand zu nehmen und nachzusehen, statt nur theoretisch was darüber gehört zu haben.

So lernte ich einige neue Wörter in meiner Muttersprache kennen. Auf verschiedenen Verpackungen las ich ständig Begriffe, wie "Emulgatoren", "Guarkernmehl", "Sojalecithin", "Glukose-Fruktose-Sirup" und so weiter.

Doch auch bei den normalen Zutaten wunderte ich mich. Was hat zum Beispiel nicht gerade wenig Zucker in einem herzhaften Fertiggericht, wie einer Pizza zu suchen? Oder in Kartoffel-Chips oder in sowieso schon von sich aus süßem eingelegtem Obst?

Anders verhält es sich bei einigen Pulvern zum Anrühren von Soßen oder Suppen. Da wird auf der Verpackung und in der Werbung Großes versprochen, wie perfekt das Essen damit schmecken wird. Ohne würde man das ja gar nicht hinkriegen! Also, was ist das Geheimnis, was ist da drin?

Es ist tatsächlich der umgekehrte Fall zu oben. In der Regel bestehen diese Pakete aus nichts außergewöhnlichem, keine besonderen Zutaten, sondern hauptsächlich aus Salz, Gewürzen, sowie etwas Stärke oder Mehl... Durch das gemeinsame Kochen war mir klar: Mit ein wenig experimentieren krieg ich das bestimmt selbst hin!

Aus geschäftlicher Sicht ist die Idee eigentlich bewundernswert. Rechnet man nach – war das Mathe-Studium doch für was gut – verkauft man die Produkte zu einem Vielfachen des Preises der darin enthaltenen Zutaten. Ähnliches beobachtete ich, als ich mehrere Jahre in der Zentrale eines großen Einzelhandelskonzerns arbeitete. Die einfache Wahrheit: Bei vielen Händlern und Produkten geht es um die Maximierung von Gewinnen. Die Lebensmittel an sich spielen keine große Rolle und sind lediglich Mittel zum Zweck.

Es war überaus interessant, das alles nach und nach zu entdecken. Die Infos auf den Verpackungen waren ja immer da. All die Jahre zuvor hatte ich nur nie darauf geachtet. So wurden die zuvor belanglosen, wöchentlichen Einkäufe im Discounter zu einem richtigen kleinen Abenteuer.

Unbewusst beschloss ich damals, weniger Sachen zu kaufen, wenn ich darauf Zutaten las, die ich entweder nicht kannte oder von denen ich wusste, dass sie nicht wirklich notwendig sind. Ich folgte meiner Intuition, dass es wohl am besten sei, es möglichst einfach zu halten.

Geschmacksverstärker? – In unseren eigenen Gerichten, die wir gemeinsam kochten war das nicht nötig. Die hatten auch ohne diese Stoffe richtig viel guten Geschmack.

Verdickungsmittel? – Denselben Effekt bekamen wir zum Beispiel durch Verwendung von Kartoffelstärke oder normalem Mehl.

Dadurch entwickelte ich aus mir selbst heraus die Motivation, noch ein wenig umfangreicher selbst zu kochen. Langsam traute ich mir mehr zu. Also probierte ich aus, Teilprodukte, die ich bislang vorgefertigt gekauft hatte, einfach selbst zu machen.

Was würdest du in einer Gemüsebrühe erwarten?

Meine Antwort: verschiedene Arten von Gemüse, Salz, womöglich weitere Gewürze und Wasser, vielleicht ein wenig Öl.

So gesehen ist das überhaupt kein Problem, das kann ich auch alles selbst in einen Topf schmeißen! Im Lauf der Zeit probierte ich Varianten mit unterschiedlichem Gemüse und Gewürzen aus. Noch heute überrascht mich immer wieder, wie viele Variationen im Geschmack dabei möglich sind.

Früchte-Joghurt ist ebenfalls ein solch interessanter Fall. Die notwendigen Zutaten? Joghurt und frische Beeren oder Obst, das man klein schneidet und drunter mischt. Interessant fand ich, dass Obst an sich gar nicht so extrem süß ist und nach ein paar Mal schmeckte mir das so sogar viel besser. Ich fand heraus, der Geschmack wird ein wenig intensiver, wenn ich das Obst im Joghurt über Nacht im Kühlschrank stehen lasse. Am nächsten Morgen sieht man, wie sich die Farbe von den Stücken ausgehend im Joghurt verbreitet. Es lebt! Und ich werde es einfach essen.

Natürlich gibt es Sachen, die nicht funktionieren oder sich als zu aufwendig herausstellen. Irgendwann versuchte ich mich zum Beispiel an einer asiatischen süß-sauren Sauce. Neugierig sah ich mir verschiedene Rezepte an und probierte es aus…

Geschmacklich war es zwar letzten Endes ok, aber trotz einigem Aufwand nicht so, wie man es kennt. Da ich das sowieso nicht oft esse, habe ich es in diesem Fall einfach gut sein lassen. Auch heute kaufe ich es als fertiges Produkt. Oder ich freue mich besonders darauf, wenn ich es nach längerer Zeit mal wieder in einem Restaurant bestellen kann.

"Kauf auf keinen Fall Produkte, in denen irgendwelche Zusatzstoffe drin sind! Das ist nicht gesund, sondern schädlich und gefährlich!"

Nein, das ist hier wirklich nicht die Aussage. Eine solche Behauptung ist ein Beispiel für Angst machende "Empfehlungen", die es zu dem Thema gibt. Man muss nicht lange danach suchen. Ob das auf manche einzelne Stoffe tatsächlich zutrifft, kann ich nicht beurteilen.

Hier geht es um den Prozess des Lernens. Wenn wir uns aus Sorge oder gar Panik heraus auf solche Behauptungen verlassen, lernen wir dabei so gut wie nichts mehr. Denn dabei folgt man blind einer pauschalen abstrakten Regel und klammert die eigene Erfahrung und Wahrnehmung aus.

Die Alternative ist, wie oben beschrieben, sich spielerisch mit dem Thema Inhaltsstoffe auseinanderzusetzten − wenn du selbst wirklich Lust drauf hast. Dadurch erleben wir direkt, dass manches überflüssig ist und entscheiden uns vielleicht zukünftig, etwas wegzulassen oder anders zu machen. Ein solcher Entschluss hat eine völlig andere Qualität. So ein Weg des selbst Entdeckens bereitet an sich schon unglaublich viel Freude und ist Motivation für mehr.

Eine Ausnahme gibt es, wenn aus gesundheitlichen Gründen kurzfristig eine entsprechende Ernährungsumstellung notwendig ist. In dieser Situation sollte man Empfehlungen von professionellen Ärzten oder Ernährungsberatern wertschätzen. Und die kann man ebenso neugierig ausprobieren! Man hat immer einen gewissen Gestaltungsspielraum und mag er noch so klein sein.

Während du Neues entdeckst, wirst du die für dich passenden Entscheidungen treffen und deinen Weg beim Kochen und Essen weiter gehen. So wie ich im Lauf der Zeit auch.

Ich vertraue dir da vollkommen.

Einkaufen - ein Vorspiel
voller Genuss

Die ersten Erfahrungen waren einfach, aber überaus wirkungsvoll. Ohne Mühe und ohne mich motivieren zu müssen, kochte ich weiterhin viel selbst. Ab und zu probierte ich neue Kleinigkeiten aus, doch über ca. zwei Jahre gab es, was das Kochen anbelangt, keine großen Veränderungen.

Dafür war in anderen Bereichen zu viel los: das Ende des Studiums, ein Praktikum, zwei Umzüge und der erste hauptberufliche Arbeitsplatz.

Trotzdem ist das ein wichtiger Punkt. Es ist ein organischer Prozess. Eine allgemeingültige Anleitung, die man Schritt für Schritt abarbeiten kann, gibt es nicht. Mal geht's langsamer und mal schneller.

Wie das genau aussieht, ist von eigenen Lebensumständen und vielen anderen Dingen abhängig. Das kann man nie alles kontrollieren, sondern sich nur darauf einlassen. Selbst wenn das heißt, dass man längere Zeit gar nicht vorwärtskommt.

Nach den ganzen Veränderungen kehrte bei mir irgendwann wieder mehr Routine ein. Dann ging es beim Kochen mit kleinen Schritten weiter. Ganz automatisch, ohne dass ich es drauf anlegte oder verbissen irgendein Ziel erreichen wollte. Ich probierte wieder was aus, weil es mich interessierte.

Ich war in einer neuen Stadt in einem neuen Bundesland und hatte dadurch neue Geschäfte in meiner Nähe, die ich nach und nach testete. Es war spannend, deutliche Unterschiede im Sortiment zu entdecken. In einer Einkaufspassage fand ich sogar einen kleinen Laden, der ausschließlich frisches Obst und Gemüse verkaufte. Bis dahin hatte ich diese Lebensmittel tatsächlich nur in größeren Supermärkten gekauft.

Meist gehen wir mit der Zeit immer in denselben Laden. Klar, da kennt man sich aus und kann schnell alles erledigen. Wenn es uns rein um Effizienz geht, ist das eine passende Lösung, die schnell zu einer Gewohnheit, einem unbewussten Automatismus wird. Dann gibt es allerdings nur wenige Möglichkeiten, Neues kennen zu lernen. Bei mir kam das automatisch durch den Umzug, aber das ist keine Voraussetzung. Obwohl ich jetzt schon lange am selben Ort wohne, gehe ich, was Lebensmittel anbelangt, regelmäßig ganz bewusst in verschiedene Läden.

Welche Einkaufsmöglichkeiten gibt es in deinem Umfeld, die du vielleicht mal besuchen könntest?

Neben Geschäften entdeckte ich noch was anderes. Ich hatte bereits von solchen Orten gehört, dort aber selbst noch nichts gekauft. Es fand gar nicht weit von meiner Wohnung entfernt statt und fiel mir eines Tages auf, als ich dran vorbeilief: es war gerade Wochenmarkt.

Nach einigen Monaten ging ich das erste Mal dort einkaufen. Es war kein großer Markt, trotzdem war alles da, was man so braucht: ein Stand mit Obst und Gemüse, einer mit Eiern, ein Wagen mit Fisch, ein Metzger, ein Bäcker, einer mit Oliven und in Öl eingelegtem Gemüse, einer der Blumen und einer der Kleidung verkaufte.

Ein Vorurteil hatte ich damals: "Auf so 'nem Markt ist ja bestimmt alles viel zu teuer!" Manche Produkte kosten tatsächlich viel mehr als im Supermarkt, aber das trifft bei weitem nicht auf alles zu. Schließlich kauft man oftmals direkt vom Produzenten, was mindestens einen Zwischenhändler spart, der ebenfalls noch dran verdienen will. Außerdem ist mir nicht nur die Menge wichtig, die ich für einen gewissen Betrag bekomme, sondern auch die Qualität.

Anfangs war ich ziemlich schüchtern. Bisher war ich gewohnt, mir in Ruhe die Regale im Laden anzusehen. Auf dem Markt wurde ich sofort gefragt, was ich denn möchte. Es brauchte ein paar Besuche, bis ich mich daran gewöhnt hatte. Doch nach kurzer Zeit habe ich das lieben gelernt! Man kennt sich, führt kleine Gespräche, über aktuelle Geschehnisse und über die Produkte.

So hab ich zum Beispiel eines Tages spontan bei den Verkäufern der Eier nachgefragt, warum eigentlich manche Eier braun und andere weiß sind, da hatte ich noch nie drüber nachgedacht... Da will ich jetzt aber gar nichts weiter darüber erzählen. Wenn es dich interessiert, kannst du ja selbst mal bei einem Verkäufer nachfragen – ohne bis dahin sofort der Versuchung nachzugeben, im Internet nachzusehen. Das wäre keine annähernd vergleichbare Erfahrung.

Den Verkäufer mit den Oliven muss ich unbedingt nochmal erwähnen. Der gab einem bei jedem Einkauf immer eine Kleinigkeit zum Probieren dazu. Darauf habe ich mich jede Woche wieder gefreut. Seit damals bin ich, bis auf wenige Ausnahmen, jeden Freitag auf dem Wochenmarkt anzutreffen.

Es ist was völlig anderes, als Einkaufen im Supermarkt, jedes Mal ein kleines Erlebnis! Schon allein die Beschaffung der Zutaten kann so zu einer angenehmen Tätigkeit statt einer lästigen Aufgabe werden. Das wirkt sich auch auf den dann folgenden Umgang mit den Zutaten aus – falls du dich gerade wunderst, was das alles mit Kochen zu tun hat.

Das Obst und Gemüse war bei den Einkäufen am interessantesten. Dabei gab es die größten Unterschiede. Einmal war der Brokkoli saftig grün, ein andermal leicht gelblich. Kartoffeln konnten sich fest oder weich anfühlen, Champignons noch lebendig oder bereits völlig ausgetrocknet sein und Salat hatte mal knackige Blätter oder gab ein trauriges Bild ab, wenn er alles hängen lies.

Manchmal gab es auch erst zu Hause Überraschungen. Man beißt in einen Pfirsich, der eigentlich süß sein sollte, hat aber eher das Gefühl, man beißt in eine saure Zitrone… Interessant, der war also noch nicht ganz reif! Und wenn ich ihn mir genau ansah, konnte ich das an der Schale erkennen und wie fest er sich anfühlte. Da kann ich mich im ersten Moment herrlich drüber ärgern. Rückblickend ist sowas immer eine sehr witzige Situation. Wie das von außen wohl aussah, welchen komischen Gesichtsausdruck ich dabei wohl hatte?

Ich weiß nicht mehr, wie viele hunderte negative Erfahrungen ich beim Kauf von Lebensmitteln inzwischen erlebte. Jedes Mal hab ich dadurch unbewusst eine Kleinigkeit gelernt und bei zukünftigen Einkäufen automatisch drauf geachtet. Über Wochen und Monate entwickelt man ein Gefühl dafür und lernt, die Qualität schnell einzuschätzen.

Auch nach vielen Jahren freue ich mich immer wieder, wenn ich an einem neuen Ort einkaufe und hochwertige Zutaten entdecke. Wie das wohl schmecken wird? Oft kann ich es nicht erwarten, damit zu Kochen und das Ergebnis zu kosten.

Solch intensive Erlebnisse und das damit verbundene Lernen waren möglich, da ich selbst vor Ort im Laden Lebensmittel in die Hand nahm und direkt Erfahrungen machte. Ich habe noch nie was Vergleichbares gespürt, wenn ich theoretische, abstrakte Beschreibungen in Büchern und Artikeln im Internet oder Zeitschriften las, worauf es alles ankommen würde, worauf man auf jeden Fall achten muss oder soll.

Die Vielfalt frischer Lebensmittel ist unglaublich groß und beeindruckend. Es ist nicht möglich, das auf Listen aus Stichpunkten zu reduzieren, die man auswendig lernen kann. Manche Lebensmittel kann man ohne Probleme in einem etwas heruntergekommenen Zustand noch verarbeiten oder ein wenig aufpäppeln. Bei einem Brokkoli, der sich schon weich anfühlt, schneide ich einen Teil des Stils weg und stelle ihn in ein Glas mit Wasser, wodurch er nach einiger Zeit wieder knackiger wird. Andere Zutaten hingegen kann man wirklich lieber kompostieren, zum Beispiel einen bereits ausgetrockneten, holzigen Kohlrabi.

Da es so viele Möglichkeiten gibt, kann ich dir nur viel Spaß beim Ausprobieren, Entdecken und natürlich Ärgern, wenn mal was nicht klappt, wünschen!

Jedes Jahr im April/Mai gehe ich besonders neugierig einkaufen. Ich bin dann gespannt, wann es wohl endlich den ersten Rhabarber und die ersten Erdbeeren des Jahres gibt. Klar, im Supermarkt kann ich die heute fast das ganze Jahr über bekommen. Doch durch zahlreiche Einkäufe merkte ich über die Zeit deutliche Unterschiede.

Die Qualität ist in der Regel deutlich höher, wenn das Obst und Gemüse Saison hat. Zwar hab ich einen Saisonkalender, der hängt allerdings nur zur Deko in der Küche. Ich hab ihn nie wirklich genutzt oder gar auswendig gelernt. Ich hab einfach beim Einkaufen beobachtet, wie sich alles im Lauf der Jahre wiederkehrend verändert.

Ebenso interessierte mich irgendwann, wo die Sachen herkommen. Als ich immer öfter Herkunftsländer auf den Preisschildern las, stellte ich eine ähnliche Tendenz fest. Es ist keine Garantie, aber im Durchschnitt bekomme ich Ware aus der Region meist frischer und in höherer Qualität.

Durch die Beobachtungen, passte ich nach und nach meine Einkaufs- und Koch-Gewohnheiten langsam an. Wenn ich was kaufen wollte und sich im Geschäft rausstellte, dass das nicht mehr frisch ist, entschied ich mich doch lieber für ein anderes Gemüse. Irgendwas wird mir damit schon einfallen!

Oft konnte ich beim Kochen eine Zutat austauschen und manchmal kochte ich spontan ein ganz anderes Gericht, als ich ursprünglich im Sinn hatte. Muss Einkaufen und Kochen wirklich immer akribisch an Hand eines Rezepts erfolgen? Dann hätte ich wohl viele sehr leckere Kombinationen nie ausprobiert. Ich war zum Beispiel überrascht, wie gut braune Champignons und Süßkartoffeln zusammenpassen.

Ab und zu nutze ich eine Einkaufsliste als Hilfsmittel, meist gehe ich jedoch völlig planlos einkaufen – das heißt ohne Liste oder Mengenangaben. Ich kaufe, was mich interessiert oder was es gerade in möglichst guter

Qualität gibt. Erst zu Hause überlege ich mir, welche Gerichte ich daraus zusammenbasteln kann.

Die spielerische Vorgehensweise fühlt sich ganz anders an, als einen vorgegebenen Plan abzuarbeiten. Kein Stress, weil es im Laden etwas nicht gibt, das ich laut Rezept angeblich unbedingt brauche. Kein sich selbst unter immensen Druck setzten, dass man auf jeden Fall nur noch ausschließlich Regionales oder Saisonales einkaufen darf, da man sonst ein schlechter Mensch sei.

Heute gibt es Anbieter, die einem exakt abgepackt alle nötigen Zutaten für einzelne Gerichte liefern. Das kann eine Möglichkeit sein, mit dem Kochen anzufangen, doch langfristig schränkt man sich dadurch sehr ein. Man macht sich unbewusst schnell abhängig von den Angeboten der Dienstleister. Ich bin mir sicher: mit ein wenig Übung kriegst du das sogar viel besser hin, sowohl die Auswahl der Zutaten beim Einkaufen, als auch deren Zubereitung!

Über die Jahre habe ich es lieben gelernt, wie geschmackvoll frische, hochwertige Zutaten sein können. Daraus ist ganz von selbst entstanden, dass ich hauptsächlich möglichst hochwertige Lebensmittel kaufe. Dafür brauche ich keine Ernährungsphilosophie, keine umfangreiches Checklisten oder oft undurchsichtige Zertifikate. Beim Lernen behindern uns diese Dinge eher, da wir schnell unsere Zeit mit dem Konsum immer mehr solcher Informationen verbringen, statt direkt Erfahrungen zu machen.

Auf dem Wochenmarkt bekomme ich öfter Produkte von höherer Qualität, aber auch hier gibt es keine pauschale Regel. Dort hab ich zum Beispiel mal Erdbeeren gekauft, die direkt am nächsten Tag zu schimmeln begannen, so was kommt halt vor. Umgekehrt hab ich selbst im heruntergekommensten Discounter, den ich kenne, ebenfalls schon hochwertige Lebensmittel gefunden und mich riesig darüber gefreut.

Ich kann dich nur ermutigen, verschiedene Einkaufsmöglichkeiten zu testen, die du in deinem Umfeld hast – und wenn es einfach mehrere Supermärkte sind. Vielleicht bist du dann ja genauso überrascht wie ich, was man dadurch alles lernt.

Letzten Endes ist das Einkaufen auch nur ein einzelner Faktor von vielen. Durch das Handwerk beim Kochen, kann man sogar aus nicht perfekten Zutaten so einiges an Geschmack und Genuss rausholen…

Darf ich dich auf einen Kaffee einladen?

Mehrere hundert Tassen hab ich während dem Schreiben dieses Buches an verschiedenen Orten getrunken. Allein über und an Hand dieses Getränks lernte ich im Lauf der Jahre unglaublich viel. Das hat meine ganze Beziehung zu Essen und Trinken verändert und bereichert. Doch eins nach dem anderen.

Nie hätte ich gedacht, dass das später eine große Rolle für mich spielen würde. Lange hatte ich mit diesem Getränk nämlich gar nichts zu tun. Meine Eltern tranken eigentlich immer Tee und dementsprechend habe ich das, beispielsweise zum Frühstück, ebenfalls so gemacht.

Ich weiß nicht mehr, wann ich das allererste Mal Kaffee probierte. Aber ich erinnere mich, wann ich anfing, ihn öfter zu trinken. Als Jugendlicher war ich Mitglied eines Orchesters in dem wir regelmäßig auch mehrere Tage am Stück gemeinsam verbrachten. Wir trafen uns z.B. übers Wochenende in einer Musikakademie, um zu üben und uns intensiv auf Konzerte vorzubereiten. Natürlich wurde da nicht nur geübt, sondern darüber hinaus viel Zeit gemeinsam verbracht. So konnte es abends schon mal sehr spät werden… Und das ist meine erste Erinnerung, dass ich zu diesen Gelegenheiten angefangen habe, regelmäßig Kaffee zum Frühstück zu trinken – mit viel Milch, ohne hatte mir das damals wohl nicht geschmeckt.

Dass ich nahezu täglich Kaffee trank, kam dann während des Studiums. In der Mensa gab es separat eine kleine Kaffeebar und mit einem festen Freundeskreis trafen wir uns zum Essen und saßen danach noch bei koffeinhaltigen Getränken zusammen. Außerdem gab es ein hervorragendes Angebot eines Kaffees mit einem belegten Brötchen, so dass wir uns im Lauf der Zeit oft schon morgens vor den Vorlesungen dort trafen und gemeinsam frühstückten.

Diese Rituale habe ich sehr genossen und Kaffee war fast immer ein scheinbar unbedeutender Teil davon. Wer weiß, vielleicht wäre es in der Form gar nicht dazu gekommen, wenn es die Kaffeebar nicht gegeben hätte? Erst jetzt im Nachhinein ist mir richtig bewusst, was für eine große Bedeutung Essen und Trinken für das gemeinsame Miteinander haben, auch wenn es auf den ersten Blick nur im Hintergrund stattfindet.

Dann kam eine Situation, in der ein Kaffee die Hauptrolle spielte. Als Teil eines studentischen Vereins planten wir eine mehrtägige Veranstaltung zu der mehrere hundert Teilnehmer aus ganz Deutschland zu uns an die Uni kamen. Wir organisierten das alles im Vorfeld selbst und jeder beteiligte sich intensiv an den

Tagen der Durchführung der Veranstaltung. So waren wir schon am ersten Tag jede Minute im Einsatz, bauten Sachen auf oder ab, betreuten die Teilnehmer und auch eine ständige Koordination untereinander war nötig, <dass so gut wie keine Pause blieb. Abends hatte ich eine letzte Schicht im Hotel übernommen, um mögliche Nachzügler, die es zum Beispiel aufgrund verspäteter Züge oder ähnliches, nicht rechtzeitig geschafft hatten, in Empfang zu nehmen und mit den wichtigsten Infos und vor allem Hotelzimmern zu versorgen.

Nach den Anstrengungen des Tages saß ich dort und war nach kurzer Zeit so müde, wie noch nie zuvor. Ein Kollege, der einen Wagen fuhr, um die Spätankömmlinge vom Bahnhof abzuholen, dachte da an uns und brachte Kaffee mit. In dem Zustand, in dem ich kaum die Augen offen halten konnte, nahm ich einen Schluck.

Innerhalb kürzester Zeit, war ich wieder wach und konnte alles erledigen. Der Kontrast zum Zustand davor war so riesig, dass ich das nie vergessen werde. Obwohl ich bereits viel Kaffee getrunken hatte, erlebte ich erst in diesem Moment, welche Wirkung das eigentlich auf den Körper hat. Für mich nur ein Beispiel, wie wenig wir oft wahrnehmen, was in uns selbst vor sich geht, wie sich verschiedene Essen und Getränke auswirken.

Einige Zeit später ergab sich eine weitere entscheidende Episode. Zwar trank ich regelmäßig Kaffee – und bekam manchmal aus einem Automaten etwas, was ich dann doch lieber nicht getrunken habe – mehr Gedanken habe ich mir darüber allerdings nie gemacht. Eines Tages saßen wir bei einer Freundin zusammen und irgendwie kam es dazu, dass sie uns noch einen Kaffee anbot.

So erlebte ich das erste Mal, wie Kaffee mit einer French-Press gemacht wurde. Ich fand diese Art der Zubereitung in einem schönen Gefäß beeindruckend (übrigens bis heute mein Favorit) und darüber hinaus schmeckte das Ganze richtig gut und viel intensiver, als ich es bisher kannte.

Ich war begeistert und habe mir kurz darauf auch eine zugelegt. Es war aufregend, selbst das erste Mal auszuprobieren, wie das genau geht. Dabei war es völlig egal, dass ich damals nicht wusste, dass der das Kaffeepulver dafür eigentlich etwas gröber gemahlen sein sollte. Es funktionierte trotzdem und ich hatte einen Kaffee gemacht, der richtig gut schmeckte!

Es folgten ein paar Jahre, in denen bezüglich des Themas Kaffee nichts Neues passierte. Wie zuvor erwähnt, war das die Zeit am Ende des Studiums und Wechsel zum ersten Arbeitsplatz danach. Auf jeden Fall erinnere ich mich gut, dass es dort viel schlecht schmeckenden Kaffee gab und ich auch mit diesen berüchtigten "Kapseln" konfrontiert war. Muss man nicht unbedingt ausprobiert haben, aber man nahm halt das, was da war.

Als wieder mehr Routine einkehrte, bekam ich Lust, was Neues zu versuchen. Unter anderem interessierte ich mich für eine kleine eintägige Kaffee- und Barista-Schulung in einer Rösterei in Köln. Ich weiß nicht mehr, wie ich darauf kam, ich glaube ich hatte den Kaffee von dort mal irgendwo getrunken und bin so auf die Rösterei aufmerksam geworden.

Die Schulung war großartig. Pragmatisch, liebevoll und vor allem nicht wissenschaftlich oder handwerklich übertrieben, dazu gleich noch mehr. In der kurzen Zeit lernte ich viel über die Unterschiede bei Kaffeesorten, Getränken und was die Qualität ausmacht.

Das habe ich mir sofort dauerhaft gemerkt, obwohl ich es erstmal nur an diesem einen Tag gehört habe. Wie viel Aufwand man im Vergleich betreibt, wie oft man Dinge im Studium stupide wiederholt, bloß um es sich für eine Prüfung zu merken, ist im Nachhinein schon irgendwie lustig.

Damals fand ich erstaunlich, dass es überhaupt eine solche Rösterei gab. Ich hatte keine Ahnung davon und wusste nicht, wo Kaffee geröstet wird. Inzwischen ist das für mich gar nicht mehr wirklich nachvollziehbar. Heute weiß ich, dass es in Köln gleich mehrere Röstereien von unterschiedlicher Größe gibt – und ich hab sie im Lauf der Zeit alle ausprobiert :)

Darüber hinaus ist auch ein kleines äthiopisches Restaurant erwähnenswert. Aus diesem Land kommt übrigens die Kaffee-Pflanze ursprünglich. Die nochmal andere Zubereitungsart, bei der Wasser und staubfein gemahlener Kaffee zusammen aufgekocht werden, sowie der würzige Geschmack waren für mich ein neues, beeindruckendes Erlebnis. Ein weiteres Beispiel, wie viel man entdecken kann, wenn man sich auf ein Thema einlässt, dass einen interessiert. Seit dieser Zeit hat Kaffee auf jeden Fall einen dauerhaften und wichtigen Stellenwert in meinem Leben.

Dann eines Tages war ich nicht weit von meiner Wohnung unterwegs und kam an einem Laden vorbei, der schon einige Zeit leer stand. Man konnte sehen, dass da was dran gemacht wird und ein neues Geschäft reinkommt. Es war noch kein Namen oder Logo zu sehen, aber mir fiel sofort auf: da steht eine Maschine zum Kaffeerösten! Und tatsächlich, wenig später eröffnete dort eine kleine Kaffeerösterei.

Natürlich war ich schnell Stammgast und über einige Wochen hinweg kam man ins Gespräch über Kaffee. Irgendwann ergab sich mal die Gelegenheit für eine Veranstaltung Hilfe anzubieten. Als sich das Geschäft entwickelte, wurde ein Verkaufswagen angeschafft, um einfacher auf Veranstaltungen oder Wochenmärkten präsent sein zu können.

Das führte dazu, dass ich ein halbes Jahr lang regelmäßig jeden Samstag auf einem kleinen Wochenmarkt für die Rösterei Kaffee verkaufte – ehrenamtlich, weil ich es gerne machte. Dabei hab ich wiederum viel gelernt. Gelernt bedeutet hier nicht, dass ich neue Informationen bekam, sondern dass ich ganz praktisch durch ausprobieren erlebte, was funktioniert und was nicht. So ein richtig guter Espresso oder gleichmäßiger Milchschaum braucht definitiv Übung. Selbst wenn es am Anfang nicht jedes Mal perfekt war, hat es geschmeckt, wie das Feedback der Kunden zeigte. Nach einiger Zeit wurde es Routine, trotzdem freue ich mich nach wie vor, wenn ein Getränk besonders gut gelingt.

Doch einen Moment!

Bevor jetzt ein falscher Eindruck entsteht, es muss nicht immer die "richtige" Technik sein. Zu Hause habe ich für die Kaffee-Zubereitung nur meine French-Press. Irgendwann ging das Glas kaputt und ich wollte gerade Kaffee machen... Nach kurzem Überlegen fiel mir ein, ich hatte zwar keinen Kaffeefilter – was auch nicht wirklich funktioniert hätte, denn der Kaffee war für die French-Press, also zu grob gemahlen – aber ich hatte große Teebeutel da! Das Prinzip ist ja dasselbe, warum sollte das nicht funktionieren?

Gesagt, getan. Kaffee in den Teebeutel, diesen zugeknotet und Wasser dazu. Es waren ein paar Versuche notwendig, die nötige Menge und richtige Zeit zum Ziehen lassen herauszufinden. Ach ja, und man muss währenddessen umrühren, sonst wird es viel zu seicht. Das funktioniert und es kommt ein hervorragendes Getränk dabei heraus.

Wenn jetzt der ein oder andere Kaffee-Sommelier die Hände über dem Kopf zusammenschlägt, ist mir das egal. Benötige ich große Mengen, weil ich zum Beispiel Besuch bekomme, mache ich das heute noch so: mit einem oder mehreren Teebeuteln in einem Topf. Es ist einfach und macht viel mehr Spaß, als auf den Knopf einer tausenden Euro teuren Kaffeemaschine zu drücken.

Wie bereits angedeutet, fand ich schnell heraus, dass auch hier allzu gerne übertrieben wird. Man muss nicht lange suchen, bis man Webseiten findet, in denen exakt berechnet wird, wie viel Gramm Kaffeepulver man braucht, um einen "perfekten" Kaffee oder Espresso zu machen, wie viele Sekunden Zeit der Kaffee ziehen darf, wie viel Kaffee im Verhältnis zum Wasser schließlich im fertigen Getränk sein soll oder wie die genaue Definition eines Latte Macciato ist und wie viel % Milch und Milchschaum dort drin sein müssen − von wem auch immer das definiert und gemessen wird. Ich würde sagen: "Komm, setz dich hin, entspann dich, ich mach uns mal ne Tasse Teebeutel-Kaffee!"

Mit meiner Erfahrung könnte ich jetzt ganz viele Details erzählen, wie man viel Geschmack rausholt, auf was man achten oder was man variieren kann. Doch dazu gibt es schon haufenweise Material in allen möglichen Formen. Daher ist das hier nicht notwendig. Wenn es dir wichtig ist, wirst du durch neugieriges Ausprobieren alles für dich relevante finden und deine eigenen Erfahrungen sammeln.

Das alles − besonders es jetzt in Retrospektive nochmal aufzuschreiben − zeigt mir, dass es um so viel mehr geht. Die Zutaten und Zubereitung spielen genauso eine Rolle wie alles, was man über die Hintergründe entdecken kann und besonders die soziale Komponente.

Sei es die gemeinsame Zeit bei einem Kaffee oder das gemeinsame Arbeiten, um ein Lebensmittel wie Kaffee überhaupt erst zu produzieren.

Und wenn mir eine Frau gefällt, lade ich sie ganz automatisch erst mal auf einen Kaffee ein – und keine Sorge, ich erzähl nicht jedes Mal die gesamte Story, wie jetzt hier :)

Das erste Mal französisch...
macht Lust aufs Backen

Zu Frankreich komme ich gleich, vorher ein kurzer Abstecher nach Italien:

Ein Klassiker beim gemeinsamen Kochen ist definitiv die Pizza. Das ist nicht verwunderlich, schließlich kann man sie gleich mit verschiedenen Belägen machen, so dass für jeden Geschmack was Passendes dabei ist. Hier können die Anfänge ebenfalls ganz einfach sein: einen schon vorgefertigten Teig kaufen und sich lediglich dem Belag widmen, mit allen möglichen Zutaten experimentieren, die einem so einfallen. Irgendwann bekommt man sehr wahrscheinlich Lust, auch mal den Teig von Grund auf selbst herzustellen.

Das haben wir eines Tages gemacht. Als die Bleche voll waren, war allerdings einiges an Teig übrig. Da hatte jemand ne Idee: "Dann lass doch noch Pizza-Brötchen draus machen!"

Gesagt, getan. Aus dem restlichen Teig formten wir kleine Brötchen und schoben sie mit in den Ofen. Sie wurden etwas hart und fest, aber das war egal, geschmeckt haben sie trotzdem. Ich fand interessant, wie aus demselben Teig auch was anderes entstehen konnte. Ohne es geplant zu haben, war das meine erste Erfahrung, selbst von Grund auf Brötchen zu machen – und nicht nur vorgefertigte aufzubacken.

Selbstverständlich war ich im Lauf meines Lebens unzählige Male in Bäckereien. Die Vielfalt in der Auslage hatte ich dabei jedoch nie wirklich beachtet:

Da gibt es verschiedene Arten von Broten und Brötchen – oder wie sie in all den unterschiedlichen Regionen und wunderschönen Dialekten heißen mögen. Mal sind die heller, mal dunkler, manche mit Kürbis- oder Sonnenblumenkernen, mit Mohn, Sesam oder Nüssen und was es da so alles gibt. Zusätzlich wird Gebäck in allen möglichen Formen angeboten und natürlich Kuchen. Das alles in einem einzelnen Geschäft und in einer anderen Bäckerei gibt es noch viele weitere Variationen zu entdecken.

Außer was mir schmeckte und was nicht, wusste ich darüber nicht viel mehr. Klar, es basiert alles auf verschiedenen Mehlen, wird gebacken und manches am Ende hübsch dekoriert. Wie viele Möglichkeiten von herzhaft bis süß sich aus so einem einfachen grundlegenden Prinzip ergeben können!

Wenn du wie ich, im deutschsprachigen Raum damit aufgewachsen bist, scheint uns das völlig normal. Allerdings ist das gar nicht so selbstverständlich. In vielen Ländern, zum Beispiel den USA, gibt es keine solche Kultur, was das Bäckerei-Handwerk anbelangt.

Die "Vielfalt" von Backwaren besteht dort meist in mehreren Marken von Weißbrot, das man abgepackt im sogenannten "Super"-Markt kaufen kann.

Wie bei den ersten selbstgemachten Brötchen, gab es ein paar Jahre später einen weiteren glücklichen Zufall. Ein Kollege erzählte nebenbei von einer französischen Bäckerei, in der er sich regelmäßig was holte. Ich selbst war noch nie in Frankreich und kannte ausschließlich deutsche Bäckereien. Doch ich hatte schon von der außergewöhnlichen Essenskultur in Frankreich gehört. Nicht was das Klischee von Schnecken und Fröschen anbelangt, sondern dass zum Beispiel richtige französische Baguettes oder Croissants ganz besonders lecker sein sollen.

Wenn da eine Gelegenheit so nah lag, musste ich das natürlich unbedingt ausprobieren! Daher plante ich das beim nächsten Besuch in der Stadt mit ein. Allein wär ich da nicht drauf gekommen. Ich war davor sogar schon ein paar Mal in der Straße, bin aber einfach an dem Geschäft vorbeigelaufen, ohne es wahrzunehmen.

Es war ein völlig neuer Eindruck. Es gab auch Brot und Baguettes, doch in der Theke waren tatsächlich nochmal ganz andere Angebote zu finden als in deutschen Bäckereien. Darunter viele kleine Gebäck-Spezialitäten, wie zum Beispiel Eclairs oder Macarons. Damals bestellte ich einfach einen Kaffee und ein klassisches Butter-Croissant.

Ich weiß jetzt nicht, wie ich es in Worte fassen soll. Keine Beschreibung kann jemals an eine direkte Sinneswahrnehmung herankommen. Es war ein wunderbares erstes Mal. An das Gefühl erinnere ich mich auch heute noch, Jahre später.

Zum einen war die Konsistenz viel lockerer. Die Croissants, die ich bis dahin hatte, würde ich dagegen eher als fest und trocken beschreiben. Außerdem war der Geschmack viel intensiver, man konnte die Butter richtig rausschmecken. Ohne jegliche Beilage machte eins dieser Dinger richtig satt. Diese Qualität war erstaunlicherweise nur ein wenig teurer als ähnliche Produkte in anderen Geschäften in der Straße. Der Kaffee war ebenfalls sehr hochwertig, was ich zu dem Zeitpunkt bereits beurteilen konnte, wie im vorherigen Kapitel beschrieben.

Diese Erfahrung hat mich so begeistert, dass ich herausfinden wollte, wie das geht. So schwer kann das nicht sein! Und ich hab ja auch schon viele andere leckere Gerichte hinbekommen.

Also recherchierte ich einige Rezepte und Anleitungen in Form von Texten und Videos. Eine Stelle fand ich dabei besonders toll: So wird die typische Form eines Croissants gemacht! Es ist einfach ein Dreieck, das zusammengerollt wird. Das ist wirklich nicht schwer. Wie wohl ursprünglich jemand auf diese Idee gekommen ist? Wahrscheinlich durch neugieriges Ausprobieren…

Die Rezepte waren sehr unterschiedlich. Leicht andere Mischungsverhältnisse, wie oft und lange der Teig gehen muss und teilweise sogar andere Zutaten, zum Beispiel mal mit Wasser oder mal mit Milch. Trotz all dieser Unterschiede führte es scheinbar zu ähnlichen Ergebnissen. Exakt kann man es ja sowieso nie nachmachen. Daher entschied ich mich für den Anfang, mich an der Anleitung eines Videos zu orientieren, dass mir am sympathischsten und authentischsten erschien.

Schon beim Einkaufen der Zutaten, war ich gespannt, wie das Ganze wohl ausgehen würde. Ich plante das Experiment für ein Wochenende, da der Teig über Nacht im Kühlschrank gehen und zwischen einzelnen Arbeitsschritten ebenfalls ruhen sollte.

Obwohl es der erste Versuch war, klappte alles ohne größere Probleme. Als die Croissants kurz vor dem Backen auf dem Blech lagen, konnte man schön die vielen einzelnen abwechselnden Schichten aus Teig und Butter sehen. Jetzt hatte ich also gelernt, wie man Blätterteig herstellt! Dazu der herrliche Geruch, die Kombination aus frischem Hefeteig und Butter.

Ich hatte etwas unterschätzt, wie die im Ofen noch aufgehen, da kuschelten sie sich richtig zusammen. Das machte nichts, sie wurden trotzdem unglaublich schön und haben lecker geschmeckt. Nicht ganz so gut wie aus der französischen Bäckerei, aber deutlich besser, als in den Bäckereien ums Eck. Außerdem waren es so viele, dass ich ein paar einfror und so eine ganze Zeit lang was davon hatte. Das relativierte den Aufwand sogar wieder ein wenig.

Was anderes ist viel wichtiger als das Ergebnis: die im positiven Sinne aufregenden Stunden, die ich mit diesem Projekt verbrachte. Vom Recherchieren über das Einkaufen, die Konzentration bei der Arbeit, die Zweifel, ob es was wird bis hin zur Freude, jetzt gelernt zu haben, wie das alles gemacht wird. Was für ein Erlebnis! Um keinen Preis möchte ich das damit tauschen, an dem Wochenende damals einfach was beim Bäcker geholt zu haben.

Selbstgemachte Croissants sind inzwischen fester Bestandteil meines Koch-Repertoires. Da der Prozess etwas aufwendig ist, mache ich sie nicht oft, sondern meist zu besonderen Anlässen, zum Beispiel wenn Gäste vorbeikommen. Mit dem Wissen freu ich mich heute viel mehr darüber und weiß es zu schätzen, wenn ich mal eins beim Bäcker kaufe – auch wenn klar ist, dass dort durch spezielle Maschinen der Aufwand vermutlich nicht so groß ist.

Über die Zeit habe ich verschiedenes probiert, zum Beispiel unterschiedliche Ruhezeiten oder andere Mehlsorten. Aus Dinkelmehl wurde es etwas fest und trocken und hat mir nicht so gut geschmeckt. Das gehört dazu und macht es spannend. Man kann nicht immer alles perfekt kontrollieren, sondern muss sich ein wenig vom Ergebnis überraschen lassen.

Wie bei allem, gibt es auch hier Leute, die es übertreiben, sich total hineinsteigern. Da gibt es Rezepte und Anleitungen, die Mischungsverhältnisse bis auf das letzte Prozent oder Gramm angeben, den Fettgehalt der Butter exakt vorgegeben, oder laut denen man bei jedem Arbeitsschritt die Temperatur des Teiges auf das Grad genau kontrollieren muss. Jeder so wie er meint. Klar, ich will ein möglichst gutes Ergebnis bekommen, aber bei so einem stressigen Verhalten hätte ich keine Freude mehr bei der Sache.

Als ich mal Croissants machen wollte, hatte ich keine Waage zur Hand. Das Ganze also verschieben? War nicht nötig, ich hatte einen Messbecher, wenn auch nur mit Kennzeichnungen in 50ml-Schritten. Ich schlug nach, wie man das Gewicht für Mehl in Milliliter umrechnen kann und schon war es möglich, mit dem Messbecher grob abzumessen. Bei dem Hefe-Block wusste ich das gesamte Gewicht, das auf der Verpackung stand, also hab ich ihn einfach halbiert, diese Hälfte nochmal und so weiter, bis ich ungefähr die Grammzahl abschätzen konnte, die ich brauchte.

Das führte zu einem schönen und leckeren Ergebnis. Wenn es nicht anders geht, dann macht man es halt mit einfachen Mitteln, mit dem, was man gerade zur Verfügung hat! Außerdem weiß ich jetzt gutes passendes Werkzeug, wie eine kleine Küchenwaage, umso mehr zu schätzen.

So war der Besuch einer französischen Bäckerei für mich der Beginn einer großartigen Entdeckungsreise. Da kann ich dich nur herzlich einladen, dich ebenfalls aufzumachen, vielleicht mit völlig anderen Produkten.

Was interessiert dich besonders? Wovon weißt du eigentlich gar nicht, wie man es macht, obwohl du es oft und gerne isst?

Meine Entdeckungsreise mit Teigwaren ging auch noch weiter…

Ab und zu gab es bei mir zu Hause Windbeutel. Sie kamen aus dem Gefrierfach und wurden aufgetaut, so dass sie nach dem eigentlichen Essen als ein Nachtisch zum Essen fertig waren. Nur so kannte ich sie, gefroren aus dem Supermarkt.

Irgendwann habe ich zufällig ein Video gesehen, indem es darum ging, wie man die macht. Mir wurde bewusst, dass ich darüber nichts wusste und war sofort neugierig. Eins faszinierte mich dabei besonders: der Teig muss ja sehr stark aufgehen, damit der Hohlraum für die Füllung entsteht. Dass ein Teig mit Hefe, Backpulver oder ähnlichem aufgehen kann, das kannte ich. Doch in diesem Fall wurden überhaupt keine solchen Triebmittel verwendet. Was dazu führt, sind einfach Eier! Diese dehnen sich beim Erhitzen ebenfalls aus und indem man sie unter den Teig rührt, führt das zu der gewünschten Wirkung. Obwohl ich schon jahrelang mit Eiern die unterschiedlichsten Sachen kochte, war mir das nie wirklich aufgefallen.

Eine schöne Vorstellung, wie das irgendwann vor hunderten Jahren jemand zum allererersten Mal gemacht hat. Vermutlich hat derjenige beobachtet, dass sich Eier ausdehnen und das dann absichtlich in einem Teig versucht. Kannst du dir das vorstellen, das erste Mal das schöne Aufgehen von Windbeutel in einem Ofen zu beobachten? Ich fand das absolut beeindruckend – und das ist es auch heute immer wieder aufs Neue, obwohl ich sie inzwischen oft gemacht habe.

So fand ich mich, als ich später ein Omelett machte, tatsächlich ganz genau beobachtend, was da in der Pfanne passiert. Ja, man kann direkt zusehen, wie sich das Ganze langsam ausdehnt. Das habe ich hunderte Male zuvor, in denen ich Eier briet, nie wahrgenommen. Was man damit wohl noch so machen könnte?

Ein weiteres Produkt, an das man beim Thema Backen schnell denkt, ist Brot. Was dafür ausschlaggebend war, weiß ich nicht mehr, doch irgendwann hatte ich Lust, auch das mal auszuprobieren. Komplizierter als Croissants wird es schon nicht sein!

Also recherchierte ich etwas und fasste den Entschluss, es einmal zu versuchen. Besonders interessant fand ich das "Falten" und "Schleifen". Ja, ich bin noch in der Küche und nicht beim Basteln oder in der Werkstatt. Es handelt sich um Techniken, wie der Teig geknetet und zum Backen in Form gebracht wird.

Beim ersten Versuch kam es allerdings gar nicht dazu, dass ich das ausprobieren konnte. Der Teig gelang nicht wirklich, sondern wurde viel zu klebrig und weich. Ich hab es trotzdem durchgezogen. Im Ofen lief es dann wieder auseinander und wurde statt einem klassischen Brotlaib eher zu einem Fladenbrot. Geschmeckt hat es trotzdem super!

Dass etwas nicht so wird, wie man es sich vorstellt, gehört dazu – inklusive der Frustration, die man dabei vielleicht spürt. Ich hatte ja keine Erfahrung und kein Gefühl dafür, wie die Konsistenz des Teiges in diesem Fall sein musste.

Zwar hatte ich mit einem Rezept gearbeitet, aber das zeigte mir nochmal sehr deutlich, dass so was nicht mehr als eine grobe Hilfe sein kann. Es bezieht sich immer nur auf exakt die Zutaten, die derjenige verwendete, der das Rezept geschrieben hat. Hat man zum Beispiel ein Mehl eines anderen Herstellers, kann es sein, dass es schon nicht mehr passt. Das lässt sich ausschließlich durch Erfahrung und Experimentieren rausfinden.

Erst als ich den Unterschied zwischen einem zu klebrigen Teig und einem mit der richtigen Konsistenz mit eigenen Händen gespürt hab, lernte ich, das nach und nach einzuschätzen. Beschreibungen mit Worten oder in Form eines Videos, und wenn es noch so gut gemacht ist, können das nicht ersetzten.

Zufälliger oder eher passender Weise hab ich einige Zeit später eine Brot-Backmischung einer kleinen Mühle geschenkt bekommen. Bei der Anleitung stand nichts über die Technik des Brotknetens und Formens. Es wäre wohl gar nicht möglich, das nur mit Worten zu beschreiben. Vermutlich hätte man auch ohne all das ein gutes Ergebnis bekommen. Aber ich freute mich über die Gelegenheit, das Wissen, was ich hatte, ausprobieren zu können. Also hielt ich mich nicht an die Anleitung auf der Verpackung, sondern "faltete" das Brot ein paarmal, mit etwas Ruhezeit dazwischen.

Das Ergebnis war hervorragend. Innen war das fertig gebackene Brot weich und außen hatte es eine schöne feste Kruste – angenehm knusprig, nicht so, dass die Zähne darunter leiden.

Später hab ich diese Techniken auch bei Pizzabrötchen ausprobiert. Wie zu Beginn des Kapitels erwähnt, wurden die normalerweise eher feste Klumpen. Durch Kneten und Rundschleifen veränderte sich die Konsistenz des Ergebnisses. Obwohl das meine ersten Versuche waren, war der Unterschied deutlich zu merken. Backen ist wirklich ein interessantes Handwerk, nicht nur das Zusammenmischen der richtigen Zutaten in der richtigen Menge.

Auf dem Wochenmarkt wurde mir das ebenfalls nochmal klar. Irgendwann stand dort ein neuer Verkaufswagen einer kleinen Bäckerei. Da musste ich natürlich was probieren! Ich entschied mich für die Steinofen-Brötchen. Nie hätte ich gedacht, dass ich das mal sage, aber das waren einfache weiße Brötchen, die wirklich viel Geschmack hatten. Ich aß sie sofort, ohne alles. Im Vergleich hatten die Brötchen der größeren Bäckerei-Ketten in der Stadt eher etwas von Papier oder Pappe.

Was machte den Unterschied? Vielleicht das Mehl, eine lange Teig-Ruhe oder handwerkliches statt maschinellem Kneten? Ich weiß es nicht, vermutlich von allem etwas. Auf jeden Fall finde ich es beeindruckend, was möglich ist.

Brot und Brötchen sind kein ständiger Bestandteil meines Essens, so dass ich sie nicht regelmäßig mache. Ich bin mir jedoch sicher, mit ein wenig Übung würde ich da schnell ein gutes Gespür entwickeln, wie bei vielen anderen Sachen zuvor. Womöglich interessiert und fasziniert dich dieses Thema ja mehr, so wie mich die Croissants?

Dann leg einfach los! Oder was hindert dich daran?

Zum Abschluss nochmal kurz zurück zum Pizzateig.

Ich hatte nie groß Probleme damit, der Teig ging immer schön auf und lies sich gut verarbeiten. Doch mir war schon bewusst, dass er sich im Endeffekt nicht so anfühlte, wie ich es aus Restaurants kannte.

Zu dem Thema gibt es wahnsinnig viele Meinungen, was "richtig" sei. Von der Zeit, die der Teig gehen soll, der Temperatur oder dass unbedingt ein Pizzastein nötig wäre, um zu Hause die richtige Konsistenz des Bodens zu bekommen.

Da jeder was anderes behauptet, hilft wieder mal nur eins: eigene Erfahrungen machen! Bei mir, mit meinen Zutaten und meinem Ofen, funktioniert es am besten, wenn ich einen Teig mit sehr wenig Hefe zubereite und ihm eine gute Nacht wünsche – ihn also über mehrere Stunden langsam im Kühlschrank gehen lasse. Dann wird das Ergebnis auf dem einfachen Blech in meinem

Ofen genau so, wie ich mir es vorstelle. Vergleichbar mit oder besser gleichwertig zu dem, was ich aus Restaurants kenne.

Das alles war lediglich ein kleiner Ausschnitt aus der Welt des Backens. Aber ich denke es reicht, um dir die Kraft des spielerischen Ausprobierens an diesem Thema zu zeigen. Und wenn es bei dir nicht das Backen ist, dass dich interessiert, sondern vielleicht das Grillen, wirst du dabei ebenso viel entdecken und erleben können.

Ich hätte schon Lust – aber ist das überhaupt erlaubt?

Magst du grünen Tee?

Ich mag ihn sehr gerne und wenn ich Lust drauf habe, mach ich mir halt einen. Das gekochte Wasser lasse ich kurz abkühlen, gebe für eine Tasse einen Teelöffel voll in das Teesieb und lasse ihn kurz ziehen. Wenn ich ihn mal vergesse, er viel zu lange zieht und unangenehm bitter geworden ist, mach ich halt 'nen Neuen. Und ab und zu probier ich ne andere Sorte aus.

Nein, so einfach darf das nicht sein!

Zumindest nicht, wenn man nach einer Webseite geht, auf die ich zufällig gestoßen bin. Dort wurden ausufernd unterschiedliche Sorten grünen Tees, spezielle Inhaltsstoffe und deren Konzentration im Detail diskutiert. Darüber hinaus gab es exakte Regeln, wie viel Gramm und wie viele Minuten und Sekunden man bei welcher Wassertemperatur, aufs Grad genau ziehen lassen muss. Und je nach Tageszeit soll man nur ganz bestimmte Sorten nehmen. Sonst hätte man keine optimale Wirkung...

Dieser Tee-Fetischismus ist ein spezielles Beispiel eines einzelnen Lebensmittels. Doch bei egal welcher Ernährungsphilosophie findet man ähnliche Vorschriften. Die bekanntesten sind wohl Vegetarisch, Vegan, Low Carb/Keto oder genau umgekehrt, High Carb, Intervallfasten, Ayurveda und Rohkost nicht zu vergessen. Es gibt sie in nahezu allen nur denkbaren Varianten und zu jeder gibt es Menschen, die anderen erzählen, dass diese eine Form die Beste, die einzig wahre Ernährung sei. Dazu werden haufenweise detaillierte Argumente vorgetragen. Vermutlich warst du auch schon mal irgendwo damit konfrontiert.

Wie wirkt so etwas auf dich?

Bei mir hat der Konsum solcher Informationen eine stressige oder sogar Angst machende Wirkung. Eine ganz andere Qualität, als die Leichtigkeit beim praktischen Ausprobieren, spielerischen Entdecken und Erleben. Durch den reinen Blick auf Zahlen, Daten, Fakten ist es nicht mehr lebendig – und ja, das sage ich als ausgebildeter Mathematiker.

Schnell werden auch pauschale Aussagen über ganze Produktgruppen getätigt. Ein Beispiel: "Jegliche Milchprodukte sind ohne Ausnahme immer schlecht für den Menschen!"

Da steckt die Annahme drin, man könne alles, was mit dem Wort 'Milch' bezeichnet wird, gleich bewerten. Ist das wirklich so? Ist schonend pasteurisierte Milch von einer Kuh, die auf der Weide stand, dasselbe

Produkt, mit denselben Inhaltsstoffen, wie ultrahocherhitzte, homogenisierte Milch von Tieren aus Massentierhaltung? Und was ist mit gereiften, fermentierten Produkten, wie Joghurt, Kefir, verschiedenste Varianten von Käse, etc.?

Ich hab es ausprobiert und kann nur dazu einladen, das ebenfalls zu machen und eigene Schlüsse zu ziehen. Es ist spannend, wie unterschiedlich der Geschmack, die Konsistenz und die Verträglichkeit und Wirkung auf den eigenen Körper sein können.

"Aber prinzipiell muss es doch eine perfekte Ernährung geben, oder nicht?"

Wir schmeißen schnell mit solchen Begriffen um uns, ohne wirklich zu klären, worüber wir genau sprechen. Erst mal müssten wir uns nämlich verständigen, was denn 'perfekt' überhaupt heißen soll. Die meisten verstehen darunter in diesem Zusammenhang wohl ein langes Leben, möglichst gesund, ohne Krankheiten. Auch da steckt wieder eine versteckte Annahme mit drin: dass Ernährung der hauptsächlich ausschlaggebende Faktor dafür sei.

Ich geh da mal ganz naiv dran. Nach allem, was ich so in Erfahrung bringen konnte, praktizieren Menschen auf der ganzen Welt die unterschiedlichsten Ernährungsformen. In Indien gibt es zum Beispiel einen großen Anteil, der sich ausschließlich vegetarisch ernährt, in Südamerika gibt es Gegenden, in denen extrem viel Fleisch gegessen wird, an Küstenregionen machen Fisch und Meeresfrüchte einen hohen Anteil des Essens aus und so weiter. Unabhängig davon gab und gibt es überall Menschen, die krank werden und andere, die sehr alt werden und bis zum letzten Atemzug top fit sind.

Die Natur ist wirklich unglaublich beeindruckend. Unsere Körper sind so anpassungsfähig, dass wir mit verschiedensten Bedingungen und Ernährungsweisen super leben und uns entwickeln können. Das ermöglichen unter anderem zahlreiche Prozesse im Körper, um schädliche Stoffe, die wir aufnehmen, wieder abzubauen, auszuscheiden und uns regenerieren zu können.

Das heißt nicht, dass alles völlig egal ist. Es ist ein Hinweis darauf, dass wir unser körperliches Wohlbefinden nicht auf einen Faktor, wie die Ernährung reduzieren können. Außerdem, wenn es seit ich weiß nicht wie vielen hunderttausenden Jahren Menschen gibt, hätte sich das nicht inzwischen durchgesetzt, wenn es diese eine perfekte Ernährungsform für alle gäbe?

Noch ein Beispiel: Stell dir vor, du bist gerade gesundheitlich ein wenig angeschlagen, hast Magenprobleme und dir ist übel. Was machst du in dieser Situation mit jemandem, der dir erzählt, dass du ausschließlich Rohkost essen sollst?

Vermutlich würdest du ihn davonjagen und das völlig zu Recht. In dem Moment ist etwas leicht verdauliches, wie Zwieback oder Reis sicherlich hilfreicher, viele andere Sachen akzeptiert dein Körper dann gar nicht. Es kommt also sogar auf deinen momentanen Zustand an, welches Essen dir gut tut. Das kannst nur du selbst spüren. Kein abstraktes Regelwerk kann immer alle Faktoren berücksichtigen.

Da im Körper alles zusammenhängt, können bei manchen gesundheitlichen Problemen gewisse Formen der Ernährung sicherlich unterstützen oder sogar heilen. Bei Interesse findest du bestimmt professionelle Ärzte oder Ernährungsberater, die dir Vorschläge machen können. Ich habe dafür keine Qualifikation und hier geht es nicht um solch spezielle Umstände, sondern das alltägliche Essen.

Durch Experimentieren ist mir bewusst, dass manche Lebensmittel eine spürbare Wirkung auf mich haben. Esse ich zum Beispiel ein paar Tage hintereinander größere Mengen an Zucker und Weizen, wird meine Haut fettiger und es bilden sich kleine Pickel. Reduziere ich das wieder, geht das schnell vorbei. Ich kann das ziemlich genau darauf eingrenzen, denn ich hab es viele Male ausprobiert :)

Doch warum sollte ich daraus schließen, dass das bei allen Menschen so ist und ihnen entsprechende Vorschriften oder "Empfehlungen" machen?

Tatsächlich habe ich schon viele Menschen kennengelernt, die sich bester Gesundheit und Lebendigkeit erfreuen, obwohl Sie oft vermeintlich "schädliche" Lebensmittel essen. Haben die jetzt einfach Glück? Oder bekommen die später noch die Quittung?

Umgekehrt hab ich auch Menschen getroffen, die Ernährungsphilosophien strikt befolgen, aber trotzdem häufig mit gesundheitlichen Problemen zu kämpfen haben. Machen die jetzt noch nicht alles richtig? Müssen Sie sich noch mehr anstrengen?

Nebenwirkungen von Regeln

Ein Kollege erzählte mir mal von einem Bekannten, der immer sofort alles wegschmeißt, was beim Essen übrig bleibt. Es könnte ja am nächsten Tag schon schlecht geworden sein.

Natürlich kommt es vor, dass was schlecht wird. Vor kurzem hatte ich Gemüsebrühe gemacht und in einem Glas im Kühlschrank gelagert. In den nächsten Tagen kochte ich jedoch Sachen, bei denen ich sie nicht benötigte. Als ich wieder daran dachte, roch ich an dem Glas und merkte: "Nein! Das ist sauer, das ist nicht mehr gut! Ok, dann muss es eben weg."

In dieser Form und Lagerung (ein nicht luftdicht schließendes Glas) hält sich sowas also ca. 3-4 Tage, aber keine ganze Woche. Ohne dass ich es drauf anlegte, hab ich das dadurch gelernt und achte seit dem ganz automatisch darauf. Diese Lern-Erfahrung wäre nicht annähernd so intensiv und schnell von statten gegangen, hätte ich das nur gelesen oder gesagt bekommen.

Dass jemand alle Reste wegschmeißt, ist ein extremes Beispiel. Doch es zeigt, wozu es führen kann, wenn wir abstrakte Regeln oder eigene Vorstellungen verbissen befolgen. Durch den Fokus auf die gut gemeinten Vorgaben und Ratschläge nehmen wir andere Möglichkeiten gar nicht mehr wahr. Wir können das Gespür für Essen, das Vertrauen in die eigene Sinneswahrnehmung und Erfahrung komplett unterdrücken. Trotz allem ist das sogar eine gute Nachricht! Denn ist etwas unterdrückt, bedeutet das, wir können es mit der Zeit wieder entdecken und aufleben lassen.

Nehmen wir das, was andere so behaupten, lediglich als kleine Inspiration, um was Neues zu versuchen, ist das großartig. Probieren wir hingegen etwas, dass uns wahrhaftig interessiert, nicht mehr aus, sondern verbieten es uns selbst, dann stehen wir unserem Lern- und Entwicklungsprozess im Weg oder machen ihn völlig unmöglich.

Ich bin da keine Ausnahme und musste mich auch schon mit eigenen komischen Gewohnheiten auseinandersetzen. Lange Zeit hab ich reflexartig alle Reste immer möglichst schnell in den Kühlschrank geräumt. Bei gewissen Lebensmitteln, wie Fisch oder Fleisch sicherlich sinnvoll, aber nicht bei allem nötig.

Meine damalige Freundin sah das Ganze deutlich lockerer und lies mal was im Topf bis zum nächsten Tag stehen, um es nochmal aufzuwärmen oder weiter zu verarbeiten. Die ersten Male spürte ich einen starken Impuls, zwanghaft meiner Routine zu folgen.

Nur... was ist mir wirklich wichtig, mich selbst zu bestätigen und Recht haben zu wollen?

So konnte ich das unangenehme Gefühl einfach mal da sein lassen und es trotzdem ausprobieren. Im Ergebnis machte ich eine neue Erfahrung. Es dauerte etwas, aber mit der Zeit erkannte ich, dass ich da in meiner Vorstellung zu extrem war und mir häufig unbewusst unnötigen Stress gemacht hatte. Manchmal können wir erst im Zusammenspiel mit Anderen wieder klar sehen. Das schenkt uns die Möglichkeit, uns aus eingefahrenen Mustern zu entwickeln.

Heute lasse ich ab und zu auch Sachen über Nacht in der Küche stehen und dabei ist nie was Schlimmes passiert. Ganz im Gegenteil, bei manchen Lebensmitteln ist langes Einweichen sogar ein hilfreicher Schritt, doch dazu später mehr.

Außer, dass wir uns in Vorstellungen verlieren und das eigene Lernen blockieren können, bringt ein Fokus auf Regeln noch einen anderen Effekt mit sich.

"Darf ich das überhaupt essen?"

"Ist das gesund?"

"Ist das auch wirklich vegan / bio / paleo / ... ?"

"Hab ich tatsächlich genug Nährstoffe / Vitamine?"

"Das soll so gesund sein, das muss ich unbedingt regelmäßig essen!"

...

Indem man sich solche Gedanken macht, es immer "richtig", gewissen Vorgaben entsprechend machen will, versetzt man sich selbst ständig in einen leichten Stresszustand. Nicht nur indem man sich etwas verbietet, was man niemals essen darf, sondern auch umgekehrt, wenn man glaubt, gewisse "Superfoods" unbedingt essen zu müssen, um nicht krank zu werden.

Da man nicht direkt gravierende Konsequenzen spürt, mag man meinen, dass sei keine große Sache und nicht weiter schlimm. Doch der ganze Körper reagiert darauf und ist in einem unterschwelligen Dauer-Alarm-Zustand. Das Nervensystem, Herzfrequenz, Blutdruck, Hormone und vieles mehr verändern sich und bereiten die Körperfunktionen optimal auf eine eventuell nötige Flucht oder Kampf vor. Unser Gehirn und Körper können nicht unterscheiden, ob eine akute Gefahr vorliegt oder wir uns nur vorstellen, etwas könnte schlimm sein.

Andere Prozesse im Körper werden dabei gehemmt oder gänzlich eingestellt. Das betrifft alles, was gerade nicht für die vermeintliche Notsituation notwendig ist. Darunter die Fähigkeit, die zahlreichen Mechanismen, sich zu reinigen, zu entgiften und zu regenerieren.

Diese Umstellung ist ein beindruckendes Zusammenspiel, das darauf ausgelegt ist, für kurze Zeit unser Überleben zu sichern. Schaut man sich die Entwicklung der Menschheit an, hat das hervorragend funktioniert. Machen wir uns aber häufig Sorgen über unser Essen, geben wir unserem Körper nicht die Zeit, sich aus dem gestressten Zustand wieder zu erholen und alles zu regulieren.

Ein leichter anhaltender Stress über Monate oder vielleicht sogar Jahre – nicht nur bezüglich Essen, sondern auch in anderen Lebensbereichen – ist ein entscheidender Faktor für viele chronische Probleme. Das ist tatsächlich wissenschaftlich ganz gut erfasst.

Ein Buch einer amerikanischen Ärztin dazu hat mich sehr beeindruckt. Sie hat viele offiziell dokumentierte Fälle und Studien zusammengetragen, um Heilungsprozesse besser zu verstehen, die nicht durch medizinische Eingriffe erklärbar sind. Das bekannteste Beispiel ist wohl der sogenannte Placebo-Effekt.

Die verblüffende Erkenntnis dieser umfangreichen Untersuchung ist genau der gerade beschriebene Zusammenhang. Der Körper selbst kann unglaublich viel regulieren und heilen, wir unterschätzen die Mechanismen in hohem Maß. Das geht aber eben nur, wenn wir uns nicht häufig in Stress-Zuständen befinden. Umgekehrt wird ein Körper unter Stress über die Zeit sehr anfällig für alle möglichen Probleme.

Das war jetzt kurz das Wesentliche zusammengefasst. Wen Details dazu interessieren, dem kann ich besagtes Buch ans Herz legen. Es handelt sich um "Mind over medicine – scientific proof that you can heal yourself" oder auf Deutsch "Warum Gedanken stärker sind als Medizin: Wissenschaftliche Beweise für die Selbstheilungskraft" von Dr. Lissa Rankin.

Mir geht es hier um den grundlegenden Mechanismus. Sich ständig Sorgen machen, zweifeln, abwägen oder hinterfragen, ob man sich richtig ernährt, wirkt sich auch auf körperlicher Ebene aus. Es ist auf Dauer schädlicher, als ab und zu ein ungesundes Lebensmittel in vollen Zügen zu genießen. Also lass dir den Kuchen schmecken – natürlich ein Stück, nicht den ganzen Kuchen auf einmal :)

Das ist keine Rechtfertigung, jeden Tag massenweise Zucker oder vergleichbares zu essen oder zu trinken. Durch bewusstes Experimentieren – wie ich beispielsweise mit Zucker und Weizen – können wir lernen, körperlich wieder wahrzunehmen, zu spüren, wann uns etwas nicht mehr guttut. Dann können wir eigenverantwortlich entscheiden, ohne "Hilfe" durch eine Regel von irgendwem.

Praktisch sinnvoll

Obwohl vielleicht gerade der Eindruck entstanden ist, bin ich kein Ernährungs- oder Koch-Anarchist, der völlig ohne Einschränkung handelt.

Was machst du zum Beispiel, wenn du Kartoffeln mit grünen Stellen hast?

Den meisten ist wahrscheinlich bekannt, dass man solche Stellen möglichst wegschneiden und nicht mit verarbeiten soll. Auch ich hab das irgendwann mal mit auf den Weg gegeben bekommen und mache das heute ganz automatisch.

Ich frage mich, wie kam man da eigentlich ursprünglich drauf? Früher hatte man ja keine Möglichkeit, Inhaltsstoffe zu analysieren… Vermutlich war es einfach genaue Beobachtung. Einer, der größere Mengen grüner Kartoffeln gegessen hatte, bekam Magenprobleme und ein anderer, der das nicht machte, hatte keine Symptome, sondern ein bekömmliches Essen.

Dieses ganz praktische, nützliche Wissen über die Verarbeitung wurde dann von Generation zu Generation weitergegeben. Es ist Teil der Kultur geworden. Eine solche kulturelle Leistung, die sich über die Zeit bewährt hat, ist was vollkommen anderes, als ein Theoriegebäude zur Ernährung. Dabei verallgemeinert oft jemand einzelne plausible Details, lässt aber die unzähligen komplexen Zusammenhänge, eines menschlichen Körpers und der Lebensumstände außen vor.

Bei den Kartoffeln hat man später mit modernen Messmethoden festgestellt, dass in den grünen Stellen tatsächlich für Menschen giftige Stoffe enthalten sind. Doch halt! Hier ist keinerlei Panik angebracht, wenn man mal so eine Stelle mitisst. Es kommt immer auf die Dosis an. Eine kleine Menge wird die Verdauung eines sonst gesunden Körpers nicht sofort aus dem Gleichgewicht bringen und keine großen Probleme verursachen.

Man beachte nochmal die Reihenfolge, die wirklich essentiell ist. Es wurde *nicht* auf Basis einer Messung einzelner Stoffe eine Regel aufgestellt, wie das heute so oft versucht wird. Stattdessen wurde zu einem Vorgehen, welches sich über lange Zeit im Alltag als sinnvoll herausstellte, viel später ein chemischer Zusammenhang nachgewiesen.

Über eine der grundlegendsten Regeln denken wir so gut wie nie nach. Diese trifft auch auf Kartoffeln zu: wir können sie nicht roh essen, erst gekocht werden sie zu einer überaus nahrhaften Zutat. Welche Lebensmittel fallen dir spontan noch ein, auf die das genauso zutrifft?

Zu einem Grundnahrungsmittel wie Kartoffeln, die seit mehreren Jahrhunderten hier angebaut und verarbeitet werden, ist praktisches Wissen sehr verbreitet. Bei anderen Lebensmitteln war mir lange Zeit nicht bekannt, dass es ähnliche nützliche Verarbeitungsschritte gibt.

Was machst du zum Beispiel mit Reis?

Irgendwann hab ich selbst das erste Mal Sushi gemacht. Obwohl es funktionierte und gut schmeckte, ist es vom Aufwand her eine dieser Sachen, auf die ich mich dann doch lieber ab und zu in einem guten Restaurant freue.

Damals hab ich dazu recherchiert, wie man das Ganze vorbereitet und zusammenbaut. Eine Sache überraschte mich: der Reis wurde gewaschen. Das heißt, er wird einfach mit kaltem Wasser abgespült, bis das Wasser wieder klar bleibt. Bis dahin war mir das nicht bewusst, aber es scheint in vielen asiatischen Regionen eine gängige Praxis bei der Zubereitung von Reis zu sein. Inzwischen hab ich das übernommen und mache es ganz automatisch, wenn ich Reis koche.

Ein anderes Beispiel sind viele Hülsenfrüchte, wie Linsen oder Bohnen. Sind diese getrocknet, weicht man sie über mehrere Stunden in Wasser ein, bevor man sie kocht. Nach dem Kochen schüttet man das Wasser weg. Man verarbeitet es nicht weiter zu einer Suppe oder Eintopf – wie man das vielleicht intuitiv machen würde.

Dort, wo diese Pflanzen angebaut werden, hat sich dieses Wissen herausgebildet und wurde in der Kultur verankert. Vermutlich ebenfalls auf Basis Jahrhunderte langer praktischer Erfahrungen und Beobachtungen.

Hierzu hat man später wissenschaftlich festgestellt, dass solche Samen oder Kerne – keine Ahnung, was da die korrekte biologische Bezeichnung ist – in der Schale Stoffe haben, die verhindern, dass Nährstoffe durch die Verdauung abgebaut werden. Eine Art Schutzmechanismus der Pflanze. Einfach faszinierend, wie sich die Natur auf alles Mögliche einstellen kann! Durch das Einweichen und Kochen können diese Stoffe abgebaut und ins Wasser abgegeben werden. Dann können wir das Ganze vollständig verdauen und die wertvollen Nährstoffe aufnehmen.

Mit einer solchen Information verlieren sich manche Menschen in einer Vorstellung. Sie wollen unbedingt alle diese Stoffe vermeiden und überlegen sich dafür Regeln. Da muss das Wasser beim Einweichen exakt alle 3 Stunden gewechselt werden, das Einweichen mindestens 10 Stunden dauern – bei jemand anderem komischerweise nur 7 oder 8 – und beim Kochen muss auf jeden Fall nochmal frisches Wasser genommen werden…

Eine solche Besessenheit der Optimierung eines einzelnen Faktors lässt andere Aspekte ganz außen vor. Könnten durch zu vieles Spülen nicht vielleicht nützliche Nährstoffe verloren gehen?

Auch hier musst du dir keine Sorgen machen, falls du das bisher nicht wusstest. Bevor ich das lernte, hab ich mehrfach das Wasser von Linsen oder Bohnen mit gegessen. Da ich mich nicht überwiegend davon ernährte, war das kein großes Problem. Durch eine entsprechende Zubereitung kann man allerdings die Qualität und Nährstoffverfügbarkeit erhöhen – und unangenehme Nebeneffekte, Stichwort Blähungen, reduzieren.

Es gibt also durchaus hilfreiche Regeln. Ich würde diese eher als bewährte, nützliche Verarbeitungsmethoden bezeichnen. Damit wird klar, dass ein praktisch erprobter Hintergrund besteht, nicht eine wissenschaftliche Detailanalyse. Bei einer solchen müssen immer Dinge aus dem Zusammenhang gerissen werden. Das hat seinen Platz, kann uns alleine jedoch keine allgemeingültige Anleitung für eine "richtige" Ernährung geben.

Wenn es dich wirklich interessiert, kannst du chemische oder biologische Hintergründe recherchieren, die man bisher entdeckt hat. Das ist aber nicht zwingend notwendig. Es kann schnell dazu führen, dass man sich wieder einmal übermäßig Sorgen und Stress macht.

Beschäftige ich mich mit Zubereitungsmethoden, sehe ich mich erst mal grob um. Ich vergleiche verschiedene Empfehlungen und mache mir mein eigenes Bild. Indem ich mehrere Erklärungen auf mich wirken lasse, kann ich das Prinzip hinter den oft unterschiedlichen Details erkennen. Habe ich das verstanden, kann ich selbst damit experimentieren, was für mich und die Lebensmittel, mit denen ich koche, gut passt.

Bei den Bohnen war ich mir durch die unzähligen Anleitungen anfangs sehr unsicher, wie ich es denn jetzt machen sollte. Beim ersten Test hab ich das Wasser mehrfach gewechselt. Ein anderes Mal konnte ich viel entspannter drangehen. Dabei stellte ich fest, weder beim Essen, noch in der Zeit danach merkte ich einen Unterschied, wenn ich das Wasser nicht wechselte.

"Oh mein Gott – und wenn da jetzt vielleicht nur 80% der schädlichen Stoffe abgebaut waren?" Dann hab ich damit ein hervorragendes Essen, denn um den Rest wird sich mein Körper mit all seinen Reinigungs-Mechanismen kümmern!

Seitdem lege ich getrocknete Hülsenfrüchte über Nacht in Wasser ein und lass die biologischen Prozesse und hilfreichen Bakterien ihr Ding machen. Anschließend koche ich es in demselben Wasser und schütte das zum Schluss weg. Über so ein simples Vorgehen lässt sich natürlich kein heilsversprechendes Anleitungs-Video oder ähnliches machen, das sich gut verkauft.

Es gibt keine Regel, wie wir sinnvolle Regeln beim Kochen erkennen können. Ich kann dich nur dazu ermutigen, neugierig zu vergleichen und vor allem selbst verschiedene Varianten auszuprobieren. Mit der Zeit entwickelt man ein Gespür dafür, wobei es sich um pragmatische, nützliche Informationen handelt oder womit sich jemand wichtigmachen, Aufmerksamkeit bekommen oder etwas verkaufen will.

Abschließend gibt es noch eine weitere Art hilfreicher Regeln. Spielerisch ausprobieren und experimentieren heißt nämlich nicht, dass immer alles komplett offen sein muss. Du selbst kannst einen Entschluss fassen, einer bestimmten Regel zu folgen – eine Zeit lang, um was zu testen, eine Erfahrung zu machen.

Nicht, um damit eine andere Sache zu erreichen. Das ist ein großer Unterschied, eine völlig andere Intention. Macht man etwas oft wiederwillig und nur als Mittel zum Zweck, hat das keine nachhaltige Wirkung oder kehrt sich sogar ins Gegenteil. Das bekannteste Beispiel dafür hat ebenfalls mit Essen zu tun: der berüchtigte Jo-Jo-Effekt.

In meiner Jugend hab ich regelmäßig sogenannte Softdrinks getrunken. Irgendwann fasste ich den Entschluss, auszuprobieren, das einfach nicht mehr zu tun. Ich musste mich nicht ständig überprüfen, mich nicht belohnen – manchmal auch "motivieren" genannt – oder mich gar bestrafen. Es war mir wichtig und daher musste ich nichts durchhalten, sondern konnte es sofort umsetzten. Hätte ich das nur auf Grund einer Vorgabe von jemand anderem probiert, wäre mir das vermutlich nicht so leicht gefallen.

Nach längerer Zeit probierte ich nochmal eine Cola, weil ich neugierig darauf war. Das wurde ein viel interessanteres und intensiveres Erlebnis, als gedacht: Ich konnte nicht mal diese eine kleine Flasche ganz trinken. Es war mir einfach viel zu süß. In der Vergangenheit konnte ich das nicht annähernd so deutlich wahrnehmen.

Einen ähnlichen Effekt stellte ich bei Plastikflaschen fest. Ich nutze so gut wie keine mehr und wenn ich heute aus einer trinke, schmeckt mir das überhaupt nicht. Sogar reines Wasser hat darin einen irgendwie komischen, faden, künstlichen Geschmack. Früher hatte ich regelmäßig welche genommen, da fiel mir das nie auf.

Du musst mir hier nichts glauben. Wenn du magst, kannst du selbst ein kleines Experiment starten: dasselbe Getränk von demselben Hersteller in einer Plastikflasche, einer Dose und einer Glasflasche kaufen. Stellst du dabei Unterschiede im Geschmack fest?

Haben wir uns über lange Zeit an etwas gewöhnt, beispielsweise an viel Zucker, Alkohol, Koffein, etc., können wir die Wirkung davon nicht mehr in vollem Ausmaß wahrnehmen. Eine Zeit lang was wegzulassen, um zu sehen, wie sich das auswirkt, ist also ein Beispiel für eine sinnvolle Regel, ein hilfreiches praktisches Werkzeug.

Wozu ich dich mit diesem Kapitel einlade, ist selbst die Verantwortung zu übernehmen. Durch viele einzelne Erfahrungen wirst du nach und nach ein tieferes Vertrauen in deine eigene Wahrnehmung zurück gewinnen.

Wir nehmen Behauptungen und Anleitungen oft viel zu ernst. Auch ein "Sterne-Koch", ein "Prof. Dr. Dr. Irgendwas" oder ein "Social-Media-Star" mit riesigem Publikum kann alles Mögliche behaupten. Sie können die tollsten Geschichten erzählen und mit allerlei Daten argumentieren.

Mit meinem beruflichen Hintergrund weiß ich, wie man mit Statistiken und Studien jede Aussage, die man haben will, belegen kann. Das heißt nicht, dass alles davon schlecht ist, aber oft ist es nicht möglich, die tatsächliche Intention hinter einem Ergebnis einzuschätzen. Daher bemesse ich dem nur einen geringen Stellenwert bei. Ich nehme es höchstens als kleine Anregung, etwas Neues auszuprobieren.

Der Gedanke, immer gültige, feste Regeln zu haben ist überaus verführerisch und wird zu Marketingzwecken entsprechend eingesetzt. Dabei vergessen wir, dass das ganz schön langweilig wäre. Die ganze Freude am eigenen Gestalten und Lernen – die ich bis hierhin

hoffentlich schon ein wenig deutlich machen konnte –
hätten wir dann nicht.

Jedes Mal, wenn ich mich zu sehr auf eine Regel
versteifte, stellte sich das nach einiger Zeit als Sack-
gasse heraus. Es tat mir psychologisch, körperlich oder
auf beiden Ebenen nicht gut. Inzwischen mache ich
mich nicht mehr von irgendwelchen Experten oder
Regeln anderer abhängig. Wir selbst bringen alles
Nötige mit, um unseren Weg zu gehen.

Egal wie überzeugend manche Ratschläge klingen,
letzten Endes kannst du nur selbst spüren, was dir gut
tut und dich mit der Zeit durch handfeste Erfahrungen
immer besser kennen lernen.

Dabei wünsche ich dir viele leckere Erkenntnisse!

Das hört ja gar nicht mehr auf!

Eines Tages hatte ich Mehl übrig, nachdem ich mal wieder Croissants gemacht hatte. Was konnte ich damit jetzt machen? Auf die bereits beschriebenen Windbeutel oder Pizza hatte ich keine Lust, also suchte ich nach was Neuem.

Ich stieß auf eine Anleitung, die mich sofort packte. Es war eines dieser Essen, die ich im Lauf meines Lebens schon so oft vor mir hatte, bei dem ich aber nie darüber nachgedachte, wie es eigentlich produziert wird. Weißt du das, wie man Nudeln macht? Nicht sie zu kochen, sondern sie selbst herzustellen?

Je 100 Gramm Mehl ein Ei, das war's. Ja ich weiß, es gibt da noch andere Arten, wie die Nudeln aus sogenanntem Hartweizengrieß im Supermarkt. Da hat man das "Rezept" und die Produktion maschinell optimiert, um Kosten zu sparen und Gewinne zu maximieren. Die Kombination aus den zwei Zutaten ist hingegen uralt, vielleicht sogar der Ursprung des Ganzen.

Die Zutaten sind zwar einfach, um die Nudeln in Form zu bringen, brauchte ich allerdings einiges an Übung. Ich rollte den Teig dünn aus und schnitt ihn in Streifen. Die ersten legte ich auf einen Haufen zur

Seite. Dann merkte ich, dass der Teig nach kurzer Zeit wieder zusammenklebte. Die Küche war viel zu klein, um alles auszubreiten. Also improvisierte ich. Ich nahm einen Besenstiel, klemmte ihn zwischen Kühlschrank und einem Tisch ein und damit hatte ich eine Möglichkeit, die Nudeln zum Trocknen darüber zu hängen. Es funktionierte so hervorragend, dass ich das noch einige Male genauso wiederholte.

Das Ganze sah wunderschön rustikal und lebendig aus. Klar hätte ich extra eine Nudelmaschine kaufen können, mit der man den Teig leichter dünn ausrollen und in Form bringen kann. Sicherlich sinnvoll, wenn man große Mengen produzieren will, aber nicht für ein Essen zu Hause für wenige Personen. Bei der ganzen Optimierung wird oft vergessen: Damit hätte ich nie so viel Freude bei dem ganzen Prozess und dem Finden eigener Lösungen gehabt!

Erinnerst du dich an einen Moment, egal aus welchem Bereich, bei dem dir eine zündende Idee kam oder du eine eigene Lösung gefunden hast? Wie hat sich das angefühlt, wie sehr hast du dich darüber gefreut? Und wie war das im Vergleich zu anderen Situationen, in denen dir jemand einfach gesagt hat, wie etwas geht?

Wie bei so vielen ersten Malen, klappte dabei nicht alles auf Anhieb. Die Nudeln wurden ein wenig zu dick. Nach dem Kochen hatte ich also eher eine Art Spätzle – doch wie ich jetzt weiß, schmecken auch die mit 'Alio e Olio' hervorragend!

Beim nächsten Versuch, rollte ich den Teig so dünn wie möglich aus. Das Ergebnis waren richtige Nudeln. Durch die Erfahrung und den praktischen Vergleich der beiden Male entwickelte ich ein Gefühl dafür. Das kann mir kein Rezept abnehmen, in dem steht, wie viele Millimeter ein Teig dick sein soll.

Wenn wir schon bei Nudeln sind, muss ich einfach einen Klassiker erwähnen: Carbonara. Die meisten kennen das vermutlich aus italienischen Restaurants. Nudeln in einer Sahnesoße, vielleicht schwimmen da noch ein paar Schinkenstücken drin rum. Bei dieser Variante handelt es sich ebenfalls um ein kosten-optimiertes Gericht. Das kann lecker sein, keine Frage. Viel interessanter finde ich jedoch, wie man eine Art Sahnesoße völlig ohne Sahne herstellen kann.

Dafür werden nur Speck, Käse und Eier verwendet. Durch das Fett, den schmelzenden Käse und das leicht dickflüssig werdende Ei erhält man eine entsprechende Soße. Der Geschmack ist viel intensiver, als mit Sahne. Falls du Lust darauf hast, kannst du ja die ein oder andere detaillierte Anleitung vergleichen und es aus-probieren.

Übrigens besonders empfehlenswert für alle Männer. Ich weiß nicht warum, aber speziell bei diesem Gericht waren Frauen hin und weg davon. Es hatte immer wieder denselben Effekt – zumindest solange man es nicht mit einem Vegetarier oder ähnlichem zu tun hat :)

Wenn wir zufälligerweise schon mal beim Thema Ausprobieren sind… Was haben Pastinaken, Quitten, Avocados, Granatäpfel, Hirse, Spaghetti-Kürbis und Mairübchen gemeinsam?

Es sind alles Beispiele für Lebensmittel, die ich lange Zeit nicht kannte, oder zumindest nie bewusst gegessen habe. Irgendwann fielen sie mir beim Einkaufen auf und ich hatte Lust, sie auszuprobieren. Einfach so, ohne Grund, ohne dass ein Rezept es vorschrieb. Mich bewegten eigene Fragen:

"Wie kann ich das zubereiten?"

"Welche Teile davon kann ich essen?"

"Womit kann ich es kombinieren?"

"Und wie ist wohl der Geschmack?"

…

Durch diese Neugier bin ich dabei so konzentriert, dass ich ganz bewusst wahrnehme, wie es sich anfühlt und wie es schmeckt. Auch das Recherchieren von Informationen dazu ist umso spannender, wenn etwas vor mir liegt, auf dass ich mich freue.

Entdecke ich was Neues, gibt es das die nächsten Tage in den unterschiedlichsten Variationen und Kombinationen. Passt es zu Kartoffeln, oder zu Reis? Mit welchem Gemüse schmeckt es am besten? Wie unterscheidet es sich, wenn ich es koche, dünste oder brate? Vielleicht schmeiße ich es mit in die Pfanne zum Rührei?

Vor einiger Zeit entdeckte ich das Gewürz Bohnenkraut. Vermutlich hatte ich es schon vorher mal in

Gewürzmischungen oder Restaurants, aber ich hatte es nie bewusst einzeln eingesetzt. Also gab es bestimmt eine Woche lang nahezu alle Gerichte mit Bohnenkraut. Ich konnte nicht anders, als alles auszuprobieren. Da werde ich wieder zum überschwänglichen Kind und das ist gut so.

Dann kann ich das Zeug meistens ne Zeit lang überhaupt nicht mehr sehen. Nach einer notwendigen Pause nutze ich es auf Basis der gemachten Erfahrungen, ab und zu, wo es mir am besten zu passen scheint.

Manch einer mag sich jetzt fragen, warum ich denn die zuvor genannten Dinge nicht kannte. Die gab es früher bei meinen Eltern einfach nicht. Vielleicht weil sie es selbst nicht kannten oder es ihnen nicht schmeckte. Es ist interessant, wie sehr wir dadurch unbewusst geprägt sind. Später machen wir vieles automatisch ähnlich, kaufen zum Beispiel dieselben Produkte in denselben Geschäften.

Glücklicherweise ist das Leben immer für Überraschungen gut. Beim Einkaufen fällt einem möglicherweise was ins Auge und man spürt einen kleinen Impuls. Warum dem nicht einfach mal folgen? Mehr als nicht schmecken kann es ja nicht.

Ich weiß auf jeden Fall noch genau, wie beeindruckend ich das erste Mal die einzigartige Konsistenz des Fruchtfleisches einer Avocado fand. Oder die lange Zeit, die ich beim ersten Versuch damit zubrachte, die Kerne aus einem Granatapfel zu bekommen.

Alles eindrucksvolle Erlebnisse – und erstaunlicherweise ergeben sich selbst nach Jahren immer wieder Neue! Die Vielfalt frischer Lebensmittel ist so viel größer als die vermeintlich verschiedenen Produkte im Supermarkt. Bei denen stellt sich bei genauerem Hinsehen meist heraus: es ist nur eine weitere Kombination aus hauptsächlich Mehl, Salz und Zucker und unterschiedet sich lediglich in der Form und Verpackung, oder anders gesagt, im Marketing.

Bei manchen Sachen kommt man nicht darauf, sie einfach zu probieren. Vielleicht lag das daran, dass ich nie längere Zeit in einer Region war, in der Meeresfrüchte eine große Rolle im Essen spielten, auf jeden Fall aß ich erst mit Ende Zwanzig das erste Mal Muscheln.

Glücklicherweise hatte meine Freundin diese schon öfter gegessen und kannte ein Restaurant, das hauptsächlich verschiedene Muschel-Gerichte anbot. Das wollte sie mir natürlich gerne zeigen. Ich war etwas unsicher, was mich da wohl erwartete, aber gleichzeitig auch neugierig. Also ließ ich mich drauf ein.

Ich lernte eine völlig neue Art zu Essen. Man muss die Muscheln ja erstmal aus der Schale holen. Außerdem schmeckte es richtig lecker. Die Konsistenz und Geschmack des Fleisches ist wirklich einzigartig. Meine Freundin hatte es mir als eine Mischung aus Fisch und Hühnchen beschrieben und das trifft es wohl auch am besten. Keine Beschreibung kann jedoch der direkten Sinneswahrnehmung gleich kommen.

Später haben wir sogar mal selbst zu Hause Muscheln gekocht. Es ist viel einfacher, als man im ersten Moment vielleicht denkt. Und es ist ein schönes außergewöhnliches Erlebnis, dass ich bestimmt nochmal mit anderen teilen werde. Wer weiß wozu die das dann wiederum inspiriert?

Gekochte Muscheln, also 'normale' Miesmuscheln, schmecken mir. Als ich eines Tages einen Fischmarkt besuchte, bemerkte ich einen Stand, an dem Austern direkt zum Essen vor Ort angeboten wurden. Natürlich hatte ich davon gehört, dass die als Delikatesse gelten, hatte aber noch nie welche vor mir. Daher musste ich die selbstverständlich kosten. Ich empfand das als absoluten Flop. Die glibberige Konsistenz und der intensive, fischige Geschmack waren ganz anders, als bei gekochten Muscheln und überhaupt nicht mein Fall.

Eine ähnliche Erfahrung machte ich bei einer Reise nach Russland. Wenn man schon mal da ist, muss man selbstverständlich vieles probieren. Ich mein jetzt nicht das Wodka-Klischee, sondern Kaviar. Die Neugier war großartig und wir bestellten nicht irgendein, sondern ein hochwertiges Produkt. Bei mir hatte das allerdings denselben Effekt, wie die Austern. Ich kann nicht im Geringsten nachvollziehen, warum um ein solches Lebensmittel ein derartiges Aufsehen gemacht wird.

Ein weiteres kleines Beispiel aus dieser Kategorie ist Champagner. In den seltenen Fällen, in denen ich Alkohol trank, schmeckte mit mir ganz normaler Sekt tatsächlich deutlich besser.

Nur weil etwas als "Delikatesse" gilt, heißt nicht, dass es auch dir gut schmeckt oder für dich persönlich ein passendes Lebensmittel ist. Wenn dir diese Sachen wirklich schmecken, du sie wahrhaftig genießen kannst, mach das! Der beste Ratgeber ist die bewusste eigene Wahrnehmung und nicht, was über ein Produkt für ausgeschmückte Geschichten erzählt werden − oder die man sich selbst darüber erzählt.

Ich frage mich, wie viele wohl lediglich das Spiel mitspielen, um sich gut darzustellen. Zum Beispiel Politiker bei irgendwelchen hochoffiziellen Festlichkeiten, die die aufgetischten Sachen schnell runterwürgen und dabei eine gute Miene aufsetzten, obwohl sie sich innerlich nach einem einfachen Steak vom Grill sehnen.

Von außen betrachtet ist es durchaus amüsant, wie wir uns selbst mit unseren eigenen Vorstellungen oft zu etwas zwingen. Dinge oder Tätigkeiten, von denen wir wissen und spüren, dass sie uns nicht gut tun.

Wo hast du das vielleicht mal gemacht?

Hätte ein höfliches "Nein, Danke!" tatsächlich schlimme Konsequenzen?

Außer mir unbekannte Lebensmittel, erlebte ich auch mit Produkten, die ich schon lange kannte, immer wieder Neues. Über die Unterschiede und Qualitäten von Gemüse oder Backwaren hatte ich ja bereits geschrieben. Als ich mir nach dem Studium mein erstes eigenes Auto zulegte, ergaben sich dadurch neue Möglichkeiten für Einkäufe und Entdeckungsreisen.

Ich finde überaus erstaunlich, welche Vielfalt an kleineren landwirtschaftlichen Höfen wir hier in Deutschland haben. Nach und nach erkundete ich, welche es hier in der Region gibt. Darunter ein Geflügelhof, bei dem mich jedes Mal aufs Neue die Qualität beeindruckt. Beim Braten verliert das Fleisch so gut wie kein Wasser und der Geschmack ist viel intensiver, als bei Produkten aus dem Supermarkt oder bei Essen, die ich in manchen Restaurants vorgesetzt bekommen hatte.

Durch das Erleben dieser Qualität, will ich inzwischen die anderen Produkte gar nicht mehr. Ich musste mir dafür keine Regel aufstellen und mir etwas verbieten. Es entstand mit der Zeit automatisch durch die neuen Erfahrungen.

Dazu nochmal der Hinweis auf die ersten Kapitel: Es ist total ok, wo auch immer du im Moment gerade stehst! Nach und nach wirst du eigene praktische Erfahrungen machen, auf der Basis zu neuen Entscheidungen und vielleicht einer völlig anderen Haltung und Einstellung zum Kochen & Essen finden.

Natürlich ist es etwas aufwendiger, zu Höfen zu fahren. Doch neben hochwertigen Produkten bekomme ich einen kleinen Ausflug in die Natur, die Atmosphäre beim Hofladen und Gespräche mit den Besitzern oder

Verkäufern geschenkt. Das lebendige Gefühl dabei erlebe ich im Supermarkt nicht.

Einen Obst-Hof muss ich an dieser Stelle noch erwähnen. Du kennst wahrscheinlich, dass man selbst Erdbeeren pflücken kann. Bei einem Betrieb bei mir in der Region kann man im Sommer auch Heidelbeeren pflücken. Besonders interessant fand ich, dass ich einige Menschen darauf aufmerksam machen konnte. Viele wussten nichts davon, obwohl sie bereits lange hier lebten. Durch die eigenen Erfahrungen kann jeder von uns wiederum andere inspirieren und ihnen ein Geschenk machen. Das ist auch die Intention hinter diesem Buch.

Zu meinen mit Essen und Kochen verbundenen Erlebnissen im Lauf der Jahre gehörte außerdem eine Kräuterwanderung. Eine ältere Frau, die sich mit den Pflanzen auskennt, bot das regemäßig in einem Wald-stück an, in dem ich oft spazieren ging. Bis auf die offensichtlichen Himbeeren und Brombeeren, die ich beim Spazierengehen schon öfter gepflückt hatte, kannte ich nichts weiter. Also einfach mal anhören, was die da wohl so erzählt...

Inzwischen sind unter anderem selbst gesammelte Brennnessel, beziehungsweise die Samen davon, ein fester Bestandteil meiner Küche geworden. Das Zeug wächst überall und ist noch dazu lecker und nährstoff-reich. Oder anders gesagt, wieder ein tolles Geschenk. Und Verwechslungsgefahr besteht bei dieser Pflanze keine, jeder kann sie ohne Probleme erkennen – einfach mit der nackten Hand reingreifen, wenn's zu kribbeln anfängt, bist du richtig :) Bei anderen Pflanzen muss man hingegen wirklich aufpassen, um keine giftigen Zutaten zu verwenden. Zum Glück gibt es fachkundige Menschen, bei denen man Rat und Hilfe bekommt.

Bei der Wanderung erfuhr ich noch was, das mich überraschte: hier in der Gegend wächst ganz viel Meerrettich. Die Pflanzen wurden bei der Wanderung nur kurz gezeigt, aber das Interesse hat mich sofort gepackt. Davon musste ich einen probieren!

Ein paar Tage später machte ich mich mit einem kleinen Schäufelchen ausgerüstet auf den Weg. Es war einige Anstrengung nötig, bis ich die Wurzel endlich aus dem Boden bekam – oder wohl besser formuliert: ich hab Meerrettich geerntet! Er war bei weitem nicht so groß, wie man das aus dem Supermarkt kennt. Doch das kleine Ding hatte es in sich.

Ich hatte nie große Probleme, wenn ich Zwiebeln oder ähnliches verarbeitete. Als ich besagten Meerrettich kleinschnitt, war das aber dermaßen intensiv und scharf, dass ich sogar kurz aus meiner kleinen Küche gehen musste. Zum Glück verfliegt das schnell wieder.

Durch dieses Erlebnis wurde mir klar, wie viel konzentrierter die Nährstoffe in einer Pflanze sind, die in einem natürlichen Ökosystem gewachsenen ist. Das was heute als "konventionelle", optimierte Landwirtschaft gilt, hat ein anderes Ergebnis. Dort werden nicht die Produkte, sondern kurzfristige Gewinne optimiert.

Hier muss ich nochmal darauf hinweisen, dass deshalb nicht gleich Panik angebracht ist. Es gibt Menschen, die behaupten, jedes landwirtschaftlich erzeugte Gemüse hätte so gut wie überhaupt keine Nährstoffe mehr… und dann kommt der Verweis auf Nahrungsergänzungsmittel, die man unbedingt kaufen soll. Ich verkneif's mir und sag dazu jetzt mal nichts weiter.

Zum Thema Intensität muss ich noch was erzählen. Das hat auch mit Essen zu tun – beziehungsweise mit Nichts essen. Ich hatte schon das ein oder andere über die positiven Effekte davon gehört und eines Tages war ich neugierig und wollte es ausprobieren: Fasten.

Oh mein Gott, wenn man sich dazu umsieht… Es scheint mir fast so viele "Rezepte" zum Nichts essen zu geben, wie zum Essen. Hunderte verschiedene Ansätze, Anleitungen und Regeln. Wie lange es dauern muss, was man trinken darf oder muss und exakt in welcher Reihenfolge, was man währenddessen machen und natürlich wann und was man davor und danach essen soll.

Wenn das jemand exzessiv als Behandlung bei bestimmten gesundheitlichen Problemen einsetzten will, ist es wahrscheinlich sinnvoll, einer gewissen Methode zu folgen, um den größtmöglichen Effekt zu haben. Darum ging es mir nicht. Ich wollte doch nur die Grundlagen verstehen, nicht irgendwelche Fasten-Philosophien im Detail studieren.

Zum Glück fand ich ein kleines Video, indem sehr pragmatisch über einen ganz unkomplizierten Fastentag erzählt wurde. Dass man nichts isst und Saft und Tee trinken kann. Nichts Besonderes, sondern was man eben mag und auch sonst trinkt. Als Essen wurde eine leichte Suppe oder Gemüsebrühe als Beispiel genannt. Und wenn man mag, kann man in ein Café gehen, einen Kaffee oder sogar einen Cappuccino trinken.

Wer sich Sorgen macht, dass das Koffein oder Fett in der Milch dabei nicht gut sei, der macht das halt nicht. Es ist so einfach. Man muss nicht erst stundenlang diskutieren, wer jetzt Recht hat oder was am Richtigsten sei.

In Anlehnung an das Video hab ich es dann probiert. Und obwohl es nur ein Tag war, mit keiner von einem Experten für richtig befundene Methode, konnte ich deutliche Effekte spüren. Wie unglaublich intensiv eine Gemüsebrühe schmecken kann, wenn man vorher länger nichts gegessen hat! Genauso war es am nächsten Mittag, beim ersten richtigen Essen nach dem Fastentag. Vom Geschmack her war alles um ein Vielfaches intensiver, als ich es kannte. Ein Reinigungseffekt war ebenfalls schon nach einem einzigen Tag auszumachen, ich merkte das sofort deutlich an meiner Haut.

Ein lustiges Paradoxon. Sogar durch Nichts essen kann man Erfahrungen machen, um etwas über Essen und Geschmack zu lernen. Hätte ich nie gedacht, bevor ich es einfach neugierig ausprobierte – ohne es dabei gleich zu übertreiben.

Inzwischen wiederhole ich das alle paar Monate. Keine Anstrengung oder Überwindung nötig. Ich weiß ja jetzt, dass es mir gut tut. Wie es sich beim nächsten Mal wohl anfühlen wird? Wie die Sachen wohl schmecken werden?

Es gibt vieles, was den Geschmack beeinflusst. Ist dir vielleicht auch mal aufgefallen, dass Essen anders schmeckt, je nachdem ob du sie zu Hause oder draußen isst? Wenn du magst, kannst du das ja direkt mal testen. Es reicht schon ein Stück Obst, wie zum Beispiel eine Banane.

Vermutlich lässt sich das mit den ganzen Gerüchen erklären, die man an den Orten um sich rum hat. Die Ursache ist mir in diesem Fall aber tatsächlich egal. Ich genieße es einfach, die interessanten Unterschiede zu erleben.

Manchmal koche oder esse ich etwas in kurzer Zeit so oft, dass ich plötzlich gar keine Lust mehr darauf habe. Wenn ich es nach einigen Wochen wieder probiere, hat sich in der Regel was verändert. Ich kann den Geschmack viel intensiver wahrnehmen, wenn ich es länger überhaupt nicht hatte.

Eine Wirkung auf den Geschmack merke ich auch, wenn ich Zutaten in anders geformte Stücke schneide. Als Versuchskaninchen stellen sich sicherlich Kartoffeln gerne zur Verfügung. Als Ganzes, in kleinen Würfeln oder in dicken oder dünnen Scheiben schmecken sie mir bei derselben Zubereitung doch immer etwas anders. Oder bei Käse macht es definitiv einen Unterschied, ob ich mir hauchdünne Scheiben oder ein dickes Stück in den Mund schiebe.

Die Größe oder Form von Stücken nutze ich manchmal ganz pragmatisch beim Kochen. Rote Beete schneide ich zum Beispiel meist kleiner als anderes Gemüse. Dadurch ist sie am Ende ebenfalls weich, wie der Rest, wenn ich alles zusammen koche, brate oder dünste. Dafür brauchte ich keine Regel oder Anleitung. Ich experimentierte nach und nach. Ist es mir zu fest, variiere ich es beim nächsten Mal ein wenig und schau, was dann herauskommt.

Eine weitere geniale Sache, die mir lange nicht bewusst war: Gemüse lässt sich mit einer simplen Methode monatelang haltbar machen. Einfach in Salzwasser, mit ca. 20 Gramm Salz auf 1 Liter Wasser, einlegen. Wenn es dich interessiert, kannst du ja recherchieren, warum das funktioniert und was dabei so passiert.

Der Klassiker ist eingelegter Weißkohl – was man im fertigen Zustand auch als Sauerkraut bezeichnet. Erinnerst du dich an das Kapitel bzgl. der Inhaltsstoffe auf Verpackungen? Das ist ein gutes Beispiel, wo du mal nachforschen kannst, was du da so im Supermarkt noch zusätzlich bekommst.

Manche verkaufen solche fermentierten, oder 'milch-sauer vergoren' genannte Gemüse als die ultimative Lösung, die gesündesten Lebensmittel, die man unbedingt ständig essen muss. Auch ich hatte mich da durch zu viele Informationen erstmal verunsichern lassen und versucht, es möglichst oft zu essen. Doch nach einiger Zeit stellte ich fest, dass mir das in so großen Mengen überhaupt nicht mehr schmeckt. Ich vertraute auf meine Wahrnehmung.

Jetzt ist es einfach eine weitere Bereicherung meines Repertoires, was das Kochen oder in dem Fall besser die Konservierung von Lebensmitteln angeht – und als ein ungewöhnliches Geschenk ist es ebenfalls hervorragend geeignet. Egal um welches spezifische Lebensmittel es sich handelt, es kann immer nur ein Teil einer gesunden Ernährung sein.

Sieht man sich so naiv um, scheinen Rezepte das zentrale Thema beim Kochen zu sein. Wie schon erwähnt, verschaffe ich mir damit gerne einen groben Überblick, wenn ich etwas das erste Mal koche. Oder ich nutze es als Erinnerung für grobe Mengenverhältnisse. Beim gerade beschriebenen Einlegen braucht man schlichtweg eine gewisse Konzentration an Salz, damit es funktioniert – aufs letzte Gramm genau kommt es da im Endeffekt aber auch nicht an.

Mein Rezept für Kürbissuppe lautet:

"Was hast du denn noch so da?"

Vielleicht verschiedenes Gemüse, wie Zwiebeln, Möhren, Kartoffeln, Süßkartoffeln oder Sellerie? Und Gewürze? Mit Knoblauch, Thymian oder Basilikum eher Mediterran oder mit Kokosmilch, Chili und ähnlichem eher exotisch? Eigentlich kann man so gut wie alles reinschmeißen – und meistens schmeckt es sogar richtig gut.

Bei anderen Gerichten ist es ähnlich:

"Wie macht man das perfekte Rührei oder Omelett?" Solche Phrasen hört oder liest man immer wieder, doch was soll dieses Adjektiv 'perfekt' genau bedeuten?

Über die Jahre hab ich bestimmt hunderte verschiedene Variationen gemacht. Je nachdem, was gerade da war, was ich unbedingt ausprobieren wollte, oder worauf ich in dem Moment Lust hatte. Je nachdem wie stark ich das Ei verquirle, ob ich zum Anbraten Butter, Kokosöl oder Olivenöl verwende, unterscheidet sich das Ergebnis nicht nur in der Optik, auch Konsistenz und Geschmack variieren deutlich.

Du willst jetzt wissen, wie genau sich das unterscheidet? Wahrscheinlich kannst du inzwischen ahnen, was ich dazu sage: Ich lade dich ein, es einfach auf eigene Faust zu versuchen!

Ich kann dir nicht sagen, bei welcher Temperatur oder wie lange ich es brate, das hab ich nie gemessen. Ich richte mich nach vielen kleinen Eindrücken, wie warm es ist, wenn ich die Hand drüber halte, wie das Öl in der Pfanne aussieht und so weiter.

So fand ich durch einen kleinen Hinweis und mit einigen Versuchen auch heraus: man muss sich keine "Spezialbeschichtete - Profi - Eierspeisen - Pfanne" anschaffen. Lasse ich die eingeölte Pfanne erst richtig heiß werden, gebe dann das Ei rein und reduziere die Hitze, geht das sogar mit einer Eisenpfanne perfekt und nichts klebt an. Manchmal verschätze ich mich und es brennt doch was an – na und? Schmeckt trotzdem und die Pfanne lässt sich einweichen und reinigen. Sie hat ja keine besondere, empfindliche Beschichtung, die beim Putzen kaputt gehen könnte.

Selten arbeite ich in der Küche mit einer Uhr. Meist kann ich an Hand des Aussehens feststellen, ob was fertig ist oder nicht. Wenn etwas zum Beispiel seine Farbe verändert, von einem hellen zu einem matten Grün oder wenn Zwiebeln braun werden. Zusätzlich zum Aussehen habe ich natürlich den Geruch. Wenn ich Kartoffeln mit Olivenöl, Rosmarin und Knoblauch im Backofen hab, weiß ich ziemlich genau, wann es fertig ist – wenn sich ein herrlicher Duft in der ganzen Wohnung ausbreitet! Bin ich mir trotzdem unsicher, hab ich sogar noch eine Sinneswahrnehmung zur Verfügung: ich probiere einfach mal ein Stück, ob es fertig ist – und verbrenne mir dabei manchmal ein wenig die Zunge.

"Aber ohne Rezept oder Anleitung kann es doch sein, dass ich eine Menge, zum Beispiel bei Gewürzen, völlig falsch einschätze und viel zu viel verwende!"

Ich bin mir sicher, in einer solchen Situation wird dir was einfallen. Vielleicht kann man es ja irgendwie strecken? Nur in seltenen Fällen funktioniert wirklich überhaupt nichts mehr. Dann kommt es eben mal weg und wird im Biomüll kompostiert, erfüllt dort also sogar noch einen Zweck.

Um neue Ideen zu bekommen, sind Rezepte ein tolles Werkzeug. Sie können jedoch nicht die eigene Wahrnehmung ersetzten, werden nie eine perfekte Anleitung sein, können uns nicht vor "Fehlern" und misslungenem Essen bewahren.

Das war nur eine kleine Kostprobe an Beispielen, was und wie ich ohne Rezepte koche. Vieles mache ich intuitiv. Das bedeutet aber nicht, dass es aus dem Nichts kommt. Durch unzählige einzelne, ganz kleine Erfahrungen, positive sowie negative, bekam ich nach und nach ein immer besseres Gefühl dafür. Und das wird bei dir ebenfalls so sein, lass dich überraschen!

Obwohl es so viel zu entdecken gibt, fängt tatsächlich keiner völlig bei Null an. Jeder von uns weiß unbewusst bereits viel darüber, was grundsätzlich zusammenpasst, egal ob jemand schon mal groß gekocht hat oder nicht.

Wir alle haben im Lauf unseres Lebens viele unterschiedliche Gerichte gegessen. Dadurch haben wir einen großen Schatz an Erfahrungen. Passen Tomaten und Basilikum zusammen? Oder Kartoffeln und Speck?

Vermutlich wird sich niemand ernsthaft diese Fragen stellen. Auf diesen Erfahrungen können wir sehr schnell aufbauen und intuitiv einzelne Sachen zu ganzen Gerichten kombinieren. Und sobald man neugierig ist, kann man mit der ein oder anderen oder gleich ganz vielen neuen Zutaten experimentieren.

Wenn ich inzwischen in einem Restaurant bin, hab ich viel mehr Spaß als früher. Ich ess nicht nur einfach, was da kommt, sondern seh es mir genau an. Welche Zutaten kann ich da ausmachen? Welche Gewürze sind da auf dem Teller verstreut?

So hab ich irgendwann angefangen, meine eigenen Gerichte hübsch anzurichten, auch wenn ich ausschließlich für mich selbst koche. Weil ich mich darüber freue, nicht um ein Foto davon irgendwo zu zeigen. Manchmal kommt alles auf einen Haufen, aber als Highlight streu ich ein paar frische Gewürze drüber. Oder ich ordne verschiedene Beilagen in einem Muster an oder kippe vielleicht zum Schluss ein wenig Balsamico-Essig darüber.

Ich musste keinen Kurs besuchen, nichts auswendig lernen. Was ich erlebte, ahmte ich nach und probierte ohne Stützräder aus, was funktioniert und was nicht. Das ist unglaublich effizient, vom Prinzip her wie ein kleines Kind, das in beeindruckend kurzer Zeit seine Muttersprache lernt. Das passiert nicht, indem jemand ihm Grammatik-Regeln der Sprache erklärt oder ähnliches. Ich könnte dir vermutlich noch nicht mal heute eine einzige dieser Regeln exakt beschreiben :)

In Gerichten in Restaurants widerholt sich vieles. Doch "erlaubt" ist absolut alles. Auf Basis des bisherigen Wissens zögerte ich immer mal wieder und war mir unsicher. Passt das zusammen?

Es kommt vor, dass ich es dann doch lieber sein lasse und es gibt andere Male, da lasse ich mich auf einen Versuch ein. Dadurch hatte ich viele interessante und überaus leckere Erfahrungen. Ich hätte nie gedacht, dass mir Meerrettich auf einer Pizza Margherita hervorragend schmeckt. Allein die Tatsache, dass man Gemüse fast beliebig kombinieren kann und es nie wirklich schlecht schmeckt, finde ich absolut faszinierend.

Ist die Natur, von der wir ja auch ein Teil sind, nicht einfach genial?

Wie du siehst, komm ich von einem Thema aufs andere...

Wenn ich so zurückdenke, hatte ich nicht die geringste Ahnung, was ich alles entdecken würde. Obwohl ich schon viele Beispiele beschrieben habe, ist die Liste nicht annähernd vollständig. Mir fällt noch ein: Nüsse selbst rösten, Germknödel machen, Samen keimen lassen, eine Rehkeule zerlegen, Fleisch selbst marinieren, unterschiedliche Salatdressings, Sesam- oder Kokosriegel selbst herstellen und so weiter.

Ich werde darauf nicht näher eingehen, da es alles nur weitere Beispiele für die zu Grunde liegenden Prinzipien wären. Falls dich etwas davon interessiert, vertraue ich dir, dass du selbst herausfinden kannst, wie es geht.

Ich hab keine Ahnung, was ich in den nächsten Jahren noch entdecken werde. Es entwickelt sich fast immer aus einem kleinen Impuls, aus einer Neugier heraus. Daher kann man das nicht im Voraus planen.

Nimm das, was dich interessiert, als Anregung. Der Versuch, die beschriebenen Sachen abzuarbeiten oder zu kopieren, hätte nicht denselben Effekt.

Ich mach das so deutlich, weil das hier gerade der Unterschied zu anderen Angeboten ist. Dort wird versprochen, man könne alles perfekt lernen, wenn man einer vorgefertigten Anleitung, Rezept oder Kurs genau folgt. Die wertvollsten Lern-Erfahrungen entstehen jedoch, indem man mit einer Sache loslegt und guckt, wohin es einen führt. Wenn man den Kontrast zwischen Gelingen und Misslingen selbst direkt erlebt.

Mit der Zeit greifen die verschiedenen kleinen Erfahrungen ineinander und bereichern sich gegenseitig. Das Ergebnis? Deine Art zu Kochen. Dort fließt unbewusst alles ein, womit du dich beschäftig hast. Es macht dein Kochen, deine Gerichte einzigartig und bereichert alles, was es schon gibt.

Die Küche ist nicht der einzige Ort dafür...

Die jährliche Kirmes hier im Ort interessiert mich nicht besonders. Mit dem hektischen Trubel, den üblichen Fahrgeschäften und Fressbuden kann ich einfach nicht viel anfangen. Allerdings gibt es daneben immer einen Markt mit vielen kleinen Ständen. Das ist schon eher was für mich.

Neben interessanten Zutaten, wie Senf, Gewürzen und regionalem Käse gab es dort einen Stand, der Messer verkaufte und anbot, Messer zu schleifen. Bis dahin hatte ich nie darüber nachgedacht. Ich kam nach wie vor gut mit den beiden Küchenmessern zurecht, die ich seit Jahren benutzte. Aber warum das nicht mal ausprobieren?

Also brachte ich meine beiden Messer vorbei und lies sie schleifen. Der Mann verstand sein Handwerk und in wenigen Sekunden war alles erledigt. Der Unterschied, als ich sie ausprobierte, war beeindruckend. So leicht kann sich das Schneiden anfühlen!

Wenn man täglich kocht, lässt das natürlich nach einigen Wochen wieder nach. Ich wollte nicht darauf warten, bis der Stand in einem Jahr vielleicht nochmal da war. Also informierte ich mich ein wenig, welche Möglichkeiten es da gibt. Durch das Kochen war ich ja schon trainiert, mich durch Marketing und verlockende Angebote zu wühlen und das Wesentliche herauszufiltern.

Ich entschied mich für einen einfachen, rechteckigen Schleifstein, ohne Stromanschluss. Das erste Mal orientierte ich mich vorsichtig an einer Anleitung und mit Hilfe eines Lineals, um den richtigen Winkel hinzubekommen, mit dem man das Messer über den Stein ziehen muss.

Es funktionierte! Einige Minuten später hatte ich tatsächlich frisch geschliffene Messer. Sie werden nicht so scharf, wie mit einem elektrischen Schleifgerät, trotzdem war der Unterschied riesig. In meiner Küche muss ein Messer auch nicht die Schärfe eines Rasiermessers haben.

Inzwischen mache ich das seit mehreren Jahren, so ungefähr alle zwei Monate. Es ist zu einer Gewohnheit geworden, wie das Zähneputzen. Ohne das regelmäßige Kochen wär ich wohl nicht auf die Idee gekommen. Ich hätte diese wertvolle Erfahrung nicht gemacht, nicht die ersten Grundlagen eines interessanten Handwerks gelernt.

Beim Schreiben weiß man nicht, was sich jemand beim Lesen genau vorstellt. Bei einem, der übers Kochen schreibt, würde ich auch automatisch denken:

"Der hat bestimmt eine ganz tolle Küche mit aller möglichen Ausstattung..." Eines dieser Bilder, die uns unbewusst durch die vielen Inszenierungen in Medien vermittelt wurden.

Das Meiste, über das ich schrieb, ist in einer kleinen, einfachen Küche von gerade mal fünf Quadratmetern passiert. Sie war nicht neu, sondern sowohl Schränke als auch Geräte waren gebraucht gekauft. Genauso war und ist der Großteil der Ausstattung nichts Besonderes, keine Markenware. Also, welche Ausrede hast du jetzt noch, nicht selbst anzufangen? ;)

Ich liebe meine Küche, wie sie ist. Manches kann man verändern, wenn nötig oder hilfreich, doch insgesamt braucht man nicht viel. Damals hab ich mit einem günstigen Set aus Edelstahl-Töpfen angefangen. Die nutze ich bis heute, viele Jahre und hunderte Gerichte und Experimente später.

Eine neue Pfanne war allerdings mal nötig, als immer mehr darin anbrannte. Dabei lernte ich, durch mehrfaches Ausprobieren – sowie die ein oder andere Anschaffung, die sich im Nachhinein als Flop erwies – ebenfalls wieder dazu: über verschiedene Materialien und Beschichtungen und dass es viel eher auf die Technik ankommt, wie im letzten Kapitel bereits erwähnt, als auf die angeblich so perfekte neuartige, innovative, Anti-Haft-Beschichtung – die meiner Erfahrung nach innerhalb weniger Monate meist schnell nachlässt.

Gewisse Stoffe in Beschichtungen scheinen wohl sogar gesundheitlich bedenklich zu sein. Das kann ich nicht beurteilen. Aber warum ein Produkt kaufen, von dem man nicht einschätzen kann, was es damit auf sich hat, wenn eine einfache Eisen- oder emaillierte Pfanne mit der richtigen Technik genauso gut sind und auf jeden Fall unbedenklich?

Als ich immer mehr kochte, war ich automatisch mit einer neuen Frage konfrontiert: Wie lagere ich Sachen eigentlich am besten? Manchmal hab ich was nachgeschlagen, nur um festzustellen, dass es wieder einmal viele widersprüchliche Empfehlungen gibt.

Also was bleibt? Es selbst ausprobieren. Unterschiedliches Gemüse mal in Papier einwickeln, mal in Plastik oder auch gar nicht. Mal das Ganze ab in den Kühlschrank, mal einfach so in einem Raum liegen lassen oder vielleicht kann man es ja einfrieren? Nach einigen Tagen sieht man den Effekt: wird es weich oder hart, trocknet es aus oder bekommt es schon ein Fell und ist kurz davor wegzulaufen?

Manchmal, wenn man sich auf etwas gefreut hat und feststellt, dass es in der Form nicht gehalten hat, ärgert man sich. Aber: "Das passiert mir so schnell nicht wieder!" Genau, denn man hat gerade was gelernt, durch direkte Erfahrung und damit viel effektiver, als durch Konsum von Informationen. Fehler gänzlich vermeiden können wir sowieso nicht.

Möglicherweise bist du jetzt ein wenig frustriert und fragst dich zu einigen Punkten: "Warum erzählt er da jetzt nicht mehr konkretes darüber???"

Ja, ich könnte hier lang und breit viele Details beschreiben, was ich alles gelernt habe. Doch wozu? Alle möglichen Infos gibt es bereits hundertfach in Form verschiedener Medien. Ich kann dich nur ermutigen, neugierig zu bleiben, es selbst herauszufinden und dabei nicht alles so ernst zu nehmen, was gesagt und versprochen wird. Dann findest du das Passende für dich. Und an mancher Stelle mag das etwas völlig anderes sein, als bei mir.

Es bleibt also nicht bei der Verarbeitung und Zubereitung von Lebensmitteln in der Küche. Davon ausgehend, über das Einkaufen, die Lagerung, das Werkzeug – und vielleicht auch, wie man einen alten Ofen ohne Chemie-Keule wieder sauber bekommt – wirkt sich die Freude am Lernen, die Lust am eigenen Gestalten, auf viele andere Bereiche aus.

Nach und nach lernt man immer mehr dazu. Im Vorfeld umfangreiche Kurse oder Schulung machen ist nicht notwendig. Man fängt ganz von selbst an, sich Fragen zu stellen, wenn man damit konfrontiert ist.

Ich will es gar nicht mehr anders, als so viel wie möglichst selbst, mit eigenen Händen herauszufinden. Wenn ich mir heute was ansehe, lediglich Informationen konsumiere, gibt mir das so gut wie nichts mehr. Ich sehne mich dann sehr schnell danach, selbst etwas zu machen und was Neues zu lernen – auch wenn ich beim ersten Mal natürlich total tollpatschig dabei bin.

Was meine hauptberufliche Arbeit anbelangt, sitze ich hauptsächlich am Schreibtisch und vorm Bildschirm. Da erlebe ich das Kochen als einen überaus hilfreichen Ausgleich. Ich betätige mich handwerklich und kann dabei etwas Lebendiges greifen und fühlen. Lebensmittel haben eine unterschiedliche Textur und Geruch, manchmal ist noch Erde am Gemüse, was ich gerne auf der Haut fühle. Ab und zu hat sich auch eine kleine Raupe im Salat versteckt. Der muss ich dann erst mal klar machen, dass sie hier falsch ist und ihr höflich aber bestimmt den Weg nach draußen zeigen. Das ist was völlig anderes, als einen Bildschirm oder Tastatur anzufassen. Im Nachhinein ist mir klar: das half mir, meinen Bezug zur Natur und meiner eigenen Lebendigkeit zu erhalten und zu vertiefen.

Obwohl ich darüber schreibe, ist das Kochen für mich kein wahnsinnig großes Hobby. Nichts, über das ich ständig nachdenke oder zu dem ich verbissen immer neue Details lernen muss. Es ist einfach ein Bestandteil meines alltäglichen Lebens geworden, um den ich mich möglichst gut kümmere.

Es gibt immer mal Tage, an denen ich abends denke: "Ich bin viel zu Müde und gestresst, jetzt auch noch was zu Kochen! Ich muss mich erstmal ausruhen, mich zurücklehnen und mir irgendwas ansehen..." Das stellt sich tatsächlich jedes Mal als eine falsche Annahme heraus.

Lasse ich mich dann doch darauf ein und konzentriere mich, so gut wie in dem Moment eben möglich, auf die Zubereitung der Lebensmittel, fühle ich mich dabei schnell besser, viel lebendiger. Obwohl es auf den ersten Blick eine zusätzliche Sache ist, die ich an dem Tag mache, gibt mir das sogar wieder Kraft!

Das ist jetzt nichts Spezielles, was sich auf das Kochen beschränkt. Es können genauso gut andere Tätigkeiten sein. Der eine baut oder repariert was, ein anderer programmiert vielleicht und so weiter, wo auch immer jemand selbst etwas gestaltet, das ihm wirklich am Herzen liegt. Unter anderem beim Musikmachen stellte ich bei mir denselben Effekt fest.

Beim Konsum von Unterhaltung wird keine vergleichbare Wirkung eintreten. Viele sprechen sogar direkt davon, dass sie dadurch "abschalten". Wenn ich ehrlich bin, hatte ich nach unzähligen Stunden, in denen ich in meinem Leben vorm Fernseher oder Internet saß, nie mehr Energie, mich nie wirklich erholt gefühlt.

Kochen ist also so viel mehr, als nur ein leckeres und vielleicht sogar hübsches Essen, das dabei herauskommen kann. Ich weiß nicht, was ich zukünftig entdecken werde, wo mich das Interesse daran noch hinführt. Es geht immer irgendwie weiter, mit vielen Überraschungen in und außerhalb der Küche und darauf freu ich mich!

Zum Glück gibt es kein Ziel, keinen Zeitpunkt, an dem ich damit fertig bin.

Einmal zum Mitnehmen, bitte!

Wahrscheinlich kannst du gewisse Formulierungen im Moment nicht mehr hören, da ich sie so oft verwendet hab. Ein letztes Mal musst du da jetzt durch :)

In der Einleitung hatte ich den Neurobiologen Gerald Hüther erwähnt, durch dessen Arbeit ich verstand, wie wir lernen. Eine der wichtigsten Erkenntnisse, die die moderne Hirnforschung bestätigt hat: wir sind keine Maschinen, die zwangsläufig nach und nach verschleißen. Veränderung und sogar ganz Neues lernen ist jederzeit möglich, egal in welchem Alter...

...wenn wir es wirklich wollen. Das hat allerdings nichts mit Willenskraft zu tun, im Sinne von "Ich zieh das jetzt auf jeden Fall durch!" oder "Diese Ziele will ich unbedingt bis zu dem Zeitpunkt erreichen!". Das hat eher was Gewaltsames. Versuchen wir es so, werden wir schnell von unseren alten Gewohnheiten und Mustern eingeholt und geben bei geringsten Schwierigkeiten wieder auf. Ist man schonungslos ehrlich, ist man in einem solchen Moment fast erleichtert, dass man eine Ausrede hat, doch nichts verändern zu müssen.

Was den Begriff Lernen verdient, findet statt, wenn wir uns darauf einlassen, dass wir spielerisch ausprobieren, was möglich ist. Dadurch erleben wir, wie wir mehr und mehr selbst gestalten können. Sogar Dinge, von denen wir vorher glaubten oder vollständig überzeugt waren, es sei für uns nicht drin: "Ich kann halt einfach nicht kochen..."

Unsere Intention macht dabei einen großen Unterschied: Verfolgen wir etwas nur als Mittel zum Zweck, um was Bestimmtes zu erreichen, zum Beispiel jemanden zu beeindrucken oder was zu verkaufen? Oder ist uns die Sache an und für sich wichtig? Nur dann machen wir es aus Neugier und Freude, konzentrieren uns hingebungsvoll darauf, kümmern uns liebevoll darum. Dabei entdecken und lernen wir automatisch immer mehr, trauen uns selbst mehr zu.

Das wird heute oft umgedreht. Wir haben die Vorstellung entwickelt, wir müssten über ganz viele Konzepte und Details Bescheid wissen, durch Kurse, Coaching, Ratgeber, etc. Und erst danach können oder dürfen wir selbst was machen. Das ist ein Trugschluss. Durch Beschäftigung mit langwierigen Erklärungen oder Diskussionen über allerlei Einzelheiten, lenken wir uns gerne ab. Dabei sind wir passive Konsumenten mit Tunnelblick. Großartige Möglichkeiten und Gelegenheiten, die sich ergeben, können wir in dem Zustand nicht mehr wahrnehmen.

Wir lernen, indem wir uns selbst auf dem Weg machen, etwas sowohl durch Denken als auch Handeln als auch Fühlen in vollem Umfang direkt erleben. Spüren wir den Unterschied, wie lebendig wir sein können, wollen wir es gar nicht mehr anders.

Das war mein Weg, aus dem ich dir hier viele Ausschnitte gezeigt habe. So sind meine eigene Wahrnehmung und Sinne zentrale Werkzeuge beim Kochen und Essen geworden. Darauf lerne ich immer mehr zu hören und zu vertrauen. Unabhängig davon, was andere sagen, uns aufdrängen oder zu was sie uns manipulieren wollen. Ich achte nicht nur darauf, welche Lebensmittel mir gut tun, sondern genauso auf die geistige 'Nahrung', die ich zu mir nehme.

Trotz vieler fragwürdiger Angebote, weiß ich zur Inspiration zu schätzen, was andere machen oder sagen – um anschließend selbst, eigenverantwortlich etwas auszuprobieren. Ansonsten nehme ich das Geschrei auf den heutigen medialen Marktplätzen nicht mehr so ernst. Ich denke mir: "Ach, da ist schon wieder so ein lustiger Marktschreier, der ein wenig übertreibt. So ist es halt." Sogar bei mir selbst und meinen eigenen Vorstellungen kann ich inzwischen oft nicht anders, als herzhaft darüber zu lachen!

Vieles können wir auf eigene Faust probieren und rausfinden. Doch in Gemeinschaft ist noch viel mehr möglich. Zusammen Kochen oder vielleicht nur ein fertiges Gericht teilen, bring eine zusätzliche Qualität mit sich. Wie in einem Orchester, bei dem verschiedene Instrumente zusammen eine viel wirkungsvollere Musik erzeugen können als jedes einzeln. Gegenseitig kann man sich auf neue Ideen bringen, auf die man allein niemals gekommen wäre. Manch eigene eingefahrene Gewohnheiten werden mit ziemlicher Sicherheit in Frage gestellt. Eine Voraussetzung, damit man eine neue Erfahrung machen kann – wenn man mag.

"Musste das jetzt sein?!" Wenn was schiefgeht, kann ich mich kurzzeitig herrlich darüber aufregen. Negative Erfahrungen und misslungene Gerichte sind wertvoller Teil des lebendigen Prozesses. Mit allen damit einhergehenden Emotionen, wie Ärger, Frustration oder Zweifel, ob man etwas überhaupt hinbekommt. Sie lassen sich nicht vermeiden und im Nachhinein merke ich durch den Unterschied zu gelungenen Ergebnissen oft erst, wie es geht und worauf es wirklich ankommt.

Ich freu mich, wenn was auftaucht, dass ich bisher nicht kenne: "Das wird schon irgendwie klappen, ist ja schließlich kein Hexenwerk!" Dann leg ich los, bei einem ersten Mal natürlich total unbeholfen, plump und ungeschickt. Es mag komisch klingen, aber diese Situationen hab ich besonders lieben gelernt. Mit der Zeit wird es besser, wie bei so vielen anderen Sachen auch, die man im Leben bereits gemacht und gut hinbekommen hat – und seien sie noch so klein! Wahrscheinlich kann man durch die eigene Erfahrung später sogar mal jemandem weiterhelfen.

Es ist völlig egal, wie weit du bist, oder ob du noch ganz am Anfang stehst. Genauso egal ist es, wie weit du es dabei bringen wirst, wie sehr du eine Fähigkeit perfektionieren kannst. Es kommt vor, dass man mal

Monate an einer Stelle stehen bleibt – na und? Es ist kein Wettrennen, oder was soll das Ziel sein? Es ergeben sich immer neue Spielräume und womöglich führt es dich wie mich in ganz andere Bereiche, in denen du ebenfalls Neues entdecken kannst.

Ich bin mir sicher, du wirst nach und nach alles Wichtige für dich finden. Das kann sich in großen Teilen von meinem Weg und Erfahrungen unterscheiden. Gerade diese Vielfalt und Überraschungen machen das Leben und Lernen so wunderbar!

Deshalb möchte ich es auch nicht auf das eine Thema reduzieren. Kochen & Essen ist nur ein kleiner Teil unseres Lebens. Einer von vielen, die wir selbst mit mehr Lebendigkeit und Qualität gestalten können. Wir müssen nicht darauf warten, dass sich andere Menschen oder irgendwelche Rahmenbedingungen ändern.

Wenn du magst, lass mich nach einiger Zeit gerne mal wissen, was das Buch bei dir bewirkt hat. Fragen versuche ich ebenfalls zu beantworten, so gut ich kann. Du erreichst mich unter:

fabian@nicht-so-kompliziert.de

www.nicht-so-kompliziert.de

Außerdem
von Fabian Wagner
erhältlich:

Was uns Musiklehrer zu erzählen vergessen...

Fabian Wagner

Als wir mit einem Instrument anfingen, waren wir neugierig und fasziniert davon. Doch nach einigen Jahren Unterricht empfinden wir Üben oft als harte Arbeit, sind unzufrieden mit dem Ergebnis oder verlieren sogar ganz die Lust am Musik machen…

Müssen wir uns also mehr anstrengen, noch gewissenhafter üben? Was wir dabei vergessen: **Musik ist mehr, als das Spielen der richtigen Noten!**

Dieses Buch zeigt Hobby- und Laienmusikern einfache Wege, zu einem gelingenden Lern- und Entwicklungs-Prozess zurück zu finden. So können wir mit wahrer Freude wirkungsvolle Musik erschaffen. Es ist kein Ersatz für einen Lehrer, sondern eine wertvolle Ergänzung zu jedem Unterricht.

Als Folge können wir die eigene Musik wieder richtig genießen und herausfinden, wozu wir fähig sind. Das ist weit mehr, als wir bisher gedacht und gelernt haben.

Andere Blickwinkel bietet das Buch auch für Musiklehrer, die ihre Schüler begleiten und ermutigen wollen, statt sie immer effizienter zu belehren.

112 Seiten, Taschenbuch, € 10,00
Verlag tredition GmbH, 2020
ISBN: 978-3-347-07794-2

Erfolgreiche Lehre

für Universitäten
und Hochschulen

Ein Wegweiser für Dozenten
und Lehrkräfte aller Art

Fabian Wagner

„Anstrengende Vorlesungen, undankbare Studenten!
Gibt es dafür keinen Ausweg?"

Trotz zahlreicher Anstrengungen zur Verbesserung der Lehre werden viele Aspekte immer noch als negativ wahrgenommen, sowohl von Dozenten als auch Studenten.

Hier hilft dieses Buch, ohne eine große Revolution zu fordern, sondern durch Diskussion entscheidender Faktoren im Lernprozess. Auf Basis eigener Erfahrungen wird anschaulich gezeigt, warum die Vermittlung von Wissen und Kompetenzen dabei nur eine geringe Rolle spielt.

Darauf aufbauend folgen einfache, pragmatische Ansätze, die den Prozess des Lernens initiieren und unterstützen. Fragen regen zur Reflexion an, was Lesern ermöglicht, eine negative Haltung gegenüber der Lehre abzulegen. Geeignete Ansätze zur Gestaltung der eigenen Lehre können dann besser identifiziert und umgesetzt werden. Da Dozenten im Gegensatz zu Lehrern an Schulen deutlich mehr Freiheiten und Gestaltungsspielraum bei der Lehre haben, ist hier erstaunliches möglich!

Keine Methodensammlung, sondern ein schonungslos ehrliches Feedback und eine Einladung.

104 Seiten, Taschenbuch, € 15,00
Verlag tredition GmbH, 2019
ISBN: 978-3-7482-2490-7